DIE FESTSTELLUNG DES KONKURSGLÄUBIGERRECHTS

(KO § 146)

VON

DR. IUR. ERICH BLEY

LEIPZIG
VERLAG VON VEIT & COMP.
1914

Leipziger juristische Inauguraldissertation.

Druck von A. Th. Engelhardt in Leipzig.

Inhalt.

Kapitel V.

Die Verfolgung des Widerspruchs.

Kapitel VI.

Die Widerspruchsmehrheit.

Kapitel VII.

Kapitel VIII.

Literaturverzeichnis.

v. Bar, Zivilprozeßrecht in Holtzendorffs Enzyklopädie der Rechts wissenschaft, Leipzig 1890.

Baum, Handbuch für Gewerbe- und Kaufmannsgerichte, 1912.

Boethke, Gruchots Beiträge 46, S. 450ff.

Borchardt, Die ausländische Judikatsforderung im deutschen Konkurse, Gruchots Beiträge 33, S. 612ff.

Bülow, Die neue Prozeßrechtswissenschaft und das System des Zivilprozeßrechts, ZZP. 27, S. 201ff.

Bülow, Klage und Urteil, ZZP. 31, S. 191ff.

Bunsen, Die Parteien im Zivilprozesse, ZZP. 26, S. 197ff.

v. Canstein, Konstruktion der Konkursrechtsverhältnisse, Grünhuts Zeitschr. 9, S. 461ff.

Degenkolb, Einlassungszwang und Urteilsnorm, Leipzig 1877.

Degenkolb, Beiträge zum Zivilprozeß, Leipzig 1905.

Deumer, Recht der eingetragenen Genossenschaften, Leipzig 1912.

Endemann, Konkursverfahren, Leipzig 1889.

Falkmann, Zwangsvollstreckung, Berlin 1908.

Fischer, Über *Wachs* Handbuch des Zivilprozesses, ZZP. 10, S. 406ff.

Fitting, Das Reichskonkursrecht und -konkursverfahren, Berlin 1904.

Flechtheim, Die Struktur der negativen Feststellungsklage, ZZP. 25, S. 405ff.

Fleiner, Institutionen des deutschen Verwaltungsrechts, Tübingen 1912.

Förster-Kann, Die Zivilprozeßordnung für das Deutsche Reich, 3. Aufl., Bd. 1, 1913.

Franke, Bezieht sich der § 559 ZPO nur auf die erste Instanz? ZZP. 5, S. 242ff.

Gaupp-Stein, Die Zivilprozeßordnung für das Deutsche Reich, Tübingen I 1911; II 1908.

v. Gerber, Grundzüge des deutschen Staatsrechts, Leipzig 1880.

Gierke, Deutsches Privatrecht I, Leipzig 1895.

Gmelin, Die Vollstreckbarkeit nach Reichszivilprozeßrecht, Tübingen 1898.

Hachenburg, Besondere Streitgenossenschaft, München 1889.

Hahn, Die gesamten Materialien zu GVG, ZPO, KO, Berlin 1879, 1881.

Heim, Feststellungswirkung des Zivilurteils, München 1912.

Hellwann, Lehrbuch des deutschen Konkursrechts, Berlin 1907.

Hellwig, Anspruch und Klagrecht, Jena 1900.

Hellwig, Wesen und subjektive Begrenzung der Rechtskraft, Leipzig 1901.

Hellwig, Lehrbuch des deutschen Zivilprozeßrechts, Leipzig I 1903, II 1907, III, 1 1909.
Hellwig, System des deutschen Zivilprozeßrechts, Leipzig 1912.
Hölder, Natürliche und juristische Personen, Leipzig 1905.
Hullmann, Konkursordnung für das deutsche Reich, Nördlingen 1879.
Jaeckel-Güthe, Reichsgesetz über die Zwangsversteigerung und die Zwangsverwaltung, Berlin 1912.
Jaeger, Die Gläubigeranfechtung außerhalb des Konkurses, Berlin 1905.
Jaeger, Kommentar zur Konkursordnung, Berlin 1913, 4.—5. Aufl.
Jaeger, Über *Weismanns* Lehrbuch des deutschen Zivilprozeßrechts, ZZP. 40, S. 123ff.
Jaeger, Bayr. Z. 1905, S. 1ff.
Jaeger, LZ. 1907, S. 210f., 924f.; LZ. 1908, S. 614.
Jellinek, Allgemeine Staatslehre, Berlin 1905.
Jellinek, System der subjektiven öffentlichen Rechte, Tübingen 1905.
v. Ihering, Der Zweck im Recht, Leipzig 1884.
Jonas, Die Konkursfeststellung in ihrer prozessualen Durchführung, Berlin 1907.
Kayser, Beiträge zur Feststellungsklage, Archiv f. ziv. Prax. 70, S.455ff.
Kiehl, Die Rechtskraft des Konkursfeststellungsurteils, Archiv f. ziv. Prax. 89, S. 341ff.
Kiehl, Der Eintritt des sachlich Berechtigten in einen Prozeß, den ein anderer kraft der ihm zustehenden Verfügungsmacht geführt hat. ZZP. 30, S. 289ff.
Kleinfeller, Zwei Streitfragen zu § 146 KO; Recht 16, S. 33ff.
Kohler, Prozeß als Rechtsverhältnis, Mannheim 1888.
Kohler, Prozeßrechtliche Forschungen, Berlin 1889.
Kohler, Lehrbuch des Konkursrechts, Stuttgart 1891.
Kohler, Beiträge zum Zivilprozeß, Berlin 1894.
Kohler, Leitfaden des Konkursrechts, Stuttgart 1903.
Kohler, Zivilprozeß- und Konkursrecht, Enzyklopädie der Rechtswissenschaft v. Holtzendorff-Kohler II, Leipzig-Berlin 1904.
Kohler, Über die Sukzession in das Prozeßrechtsverhältmis, ZZP. 12, S. 97ff.
Kohler, Konkursrechtliche Studien; Archiv f. ziv. Pr. 81, S. 329ff.
Krech und *Fischer*, Das preuß. Gesetz betr. die Zwangsvollstreckung in das unbewegliche Vermögen, Berlin 1883.
v. Kries, Lehrbuch des deutschen Strafprozeßrechts, Freiburg 1892.
Laband, Das Staatsrecht des Deutschen Reiches, Tübingen u. Leipzig III, 1901.
Langheineken, Der Urteilsanspruch, Leipzig 1899.
Laux, DJZ. 6, S. 327.
Leonhard, Der Anspruchsbegriff des Entwurfes eines BGB; ZZP. 15, S. 327ff.

Levy, Gruchots Beiträge 1893, S. 183ff.
Loening, Widerklage ZZP. 4, S. 1ff.
Löwe-Hellweg, Die Strafprozeßordnung für das Deutsche Reich, Berlin 1907.
Lux, Notwendigkeit der Streitgenossenschaft, München 1906.
O. Mayer, Deutsches Verwaltungsrecht, Leipzig 1897.
Mendelssohn Bartholdy, Grenzen der Rechtskraft, Leipzig 1900.
Nagler, Der Parteibegriff im Zivil- und Strafverfahren, Rechtsgang I, 1, S. 56ff., Stuttgart 1913.
Neupert, BayGemZ. 1913, Nr. 8ff., bes. 13.
Nußbaum, Die Prozeßhandlungen, München 1908.
Oetker, Konkursrechtliche Grundbegriffe; I: Die Gläubiger, Stuttgart 1891.
Oetker, Verfolgungsrecht, Cassel 1883.
Oetker, Konkursrechtliche Probleme und neuere Konkursliteratur, ZZP. 25, S. 1ff.
Oetker, Der Bußprozeß, Gerichtssaal 66, S. 321ff.
Oetker, Konkursrechtliche Erörterungen, Goldschmidts Z. 66, S. 193ff.
v. Olshausen, Kommentar zum Strafgesetzbuch f. das Deutsche Reich, Berlin 1912.
Osterloh, Die Lehre von den prozeßhindernden Einreden, ZZP. 3, S. 43ff.
Otto, Die Anfechtung von Rechtshandlungen, Leipzig 1881.
Parisius-Crüger, Das Reichsgesetz betr. die Erwerbs- und Wirtschaftsgenossenschaften, Berlin 1911.
Petersen-Kleinfeller, Die Konkursordnung für das Deutsche Reich, Berlin 1900.
Planck, Mehrheit der Rechtsstreitigkeiten, Göttingen 1844.
Planck, Lehrbuch des deutschen Zivilprozeßrechts II, München 1896.
Pollak, System des österreichischen Zivilprozeßrechts, Wien 1906.
Rehbein, Allgemeine deutsche Wechselordnung, Berlin 1900.
Reichel, ZZP. 31, S. 121ff.
Rocholl, Die Feststellungsklage im heutigen Klagensystem, ZZP. 8, S. 343ff.
v. Sarwey-Bossert, Die Konkursordnung für das Deutsche Reich, Berlin 1901.
Schmidt, Lehrbuch des deutschen Zivilprozeßrechts, Leipzig 1906.
Schmidt, ZZP. 29, S. 535ff.
Schultze, Das deutsche Konkursrecht in seinen juristischen Grundlagen, Berlin 1880.
Schulze-Jaeger, LZ. 1912, S. 57ff.
Schwarz, Rechtssubjekt und Rechtszweck, Archiv f. bürgerl. R. 32, S. 12ff.
Seuffert, Deutsches Konkursprozeßrecht, Leipzig 1899.
Seuffert, Kommentar zur Zivilprozeßordnung, München 1910, 1911.

Skedl, Das Mahnverfahren, Leipzig 1891.
Stegemann, Die Parteien im Prozeß, ZZP. 17, S. 326ff.
Stein, Der Urkunden- und Wechselprozeß, Leipzig 1887.
Stein, Die Voraussetzungen des Rechtsschutzes in der Festschrift für Fitting, Halle 1903.
Stein, Zu dem Gesetzentwurf betr. die Abänderung der ZPO, ZZP. 24, S. 209ff.
Stieglitz, Die Konkursordnung für das Deutsche Reich, Tübingen 1879.
v. Struckmann-Koch, Die Zivilprozeßordnung für das Deutsche Reich, Berlin 1901.
v. Tuhr, Der allgemeine Teil des deutschen bürgerl. Rechts I, Leipzig 1910.
v. Völderndorff, Die Konkursordnung für das Deutsche Reich, Erlangen 1885.
Voigt, Der Einfluß des Konkurses auf die schwebenden Prozesse des Gemeinschuldners, Leipzig 1903.
Voß, Über die Anwendung des § 265, II ZPO auf Konkursfeststellungsprozesse; LZ. 1908, S. 743ff., 840ff.
Voß, Die konkursmäßige Behandlung der sogen. titulierten Forderungen nach §§ 152ff. KO; LZ. 1909, S. 455ff.
Wach, Handbuch des deutschen Zivilprozeßrechtes I, Leipzig 1885.
Wach, Der Feststellungsanspruch, Leipzig 1888.
Wach, Vorträge über die Reichszivilprozeßordnung, Bonn 1896.
Wach-Laband, Zur Lehre von der Rechtskraft, Leipzig 1899.
Wachenfeld, Notwendige Streitgenossenschaft, Hannover 1894.
Walsmann, Streitgenössische Nebenintervention, Leipzig 1905.
Walsmann, Verzicht auf die Eigentümerhypothek und seine Wirkungen im Konkurse, Archiv f. bürgerl. Recht 39, S. 14ff.
Weismann, Hauptintervention und Streitgenossenschaft, Leipzig 1884.
Weismann, Lehrbuch des Zivilprozeßrechts I, Stuttgart 1903.
Willenbücher-Günther, Konkursordnung, Berlin 1909.
v. Wilmowski, Deutsche Konkursordnung, Berlin 1885.
v. Wilmowski-Kurlbaum-Kühne, Die deutsche Reichskonkursordnung, Berlin 1906.
Wolff, Konkursordnung, Berlin 1900.

NB. Die Paragraphen der Konkursordnung sind regelmäßig ohne Beifügung des Gesetzes zitiert. Soweit die Kommentare zur Konkursordnung die Auslegung des § 146 betreffen, ist die Angabe des Paragraphenweggelassen und nur die Anmerkung zitiert.

Kapitel I.

§ 1.

Das Wesen der Klage auf Feststellung streitig gebliebener Konkursforderungen.

Das Wesen eines Prozeßrechtsverhältnisses bestimmt sich durch seinen Gegenstand, nicht durch die Kategorie der das Prozeßrechtsverhältnis begründenden Klage. Die Frage nach dem Wesen der Klage auf „Feststellung" des Konkursgläubigerrechts (KO § 146) ist nicht eine solche nach der Klagart, ist vielmehr eine solche nach dem Klaggegenstand.

Gleichwohl ist die Klage aus § 146 KO zuerst beim Streite um die Klagekategorien in den Kreis wissenschaftlicher Betrachtung gezogen worden.

Davon ausgehend, daß die prozessuale Feststellung für das Leistungsurteil notwendig präparatorisch und daher nur möglich sei, wenn als Parteien die Subjekte des materiellen Rechtsverhältnisses auftreten, hat *Rocholl*,[1] ohne Prüfung dieser Voraussetzung für die Klage aus § 146[2] die Kategorie der Konfliktsklage aufgestellt — unter Verstoß gegen den Satz der Logik: praeter necessitatem principia non sunt multiplicanda. Der Konflikt wird gelöst durch urteilsmäßige Feststellung des Bestehens oder Nichtbestehens des angemeldeten Gläubigerrechts.[3]

---

[1] ZZP., Bd. 8, S. 343ff., 406.

[2] Die Paragraphen der Konkursordnung sind regelmäßig ohne Beifügung des Gesetzes zitiert.

[3] Vergl. a. a. O. S. 409. *Wach*, Handbuch des deutschen Zivilprozeßrechtes I, § 2 N. 28. *Kayser*, Archiv ziv. Prax., Bd. 70, S. 458; *Leonhard*, ZZP, Bd. 15, S. 358ff.

Oetkers[4] Ausführungen gegen *Rocholl* sind nicht durchschlagend. Sie sind letzten Endes das Ergebnis seiner Lehre, daß die Konkursfeststellungsklage auf Repression eines Widerspruchs als einer (objektiven) Normwidrigkeit gerichtet ist (a. a. O. S. 576ff.). Sie ist eine Rechtsgestaltungsklage.[5] Mag es sich um titulierte oder untitulierte Forderungen (*Oetker*, a. a. O. S. 293, 309f.) handeln, „die ‚Feststellungsklage' des Liquidanten gegen den bestreitenden Konkursverwalter ist die gegen den Gemeinschuldner begründete Forderungsklage. Nur wird das Petitum auf Repression des Widerspruchs (bezw. der Teilnahme eines Unberechtigten am Konkurse) gerichtet" (a. a. O. S. 310, 331). Ist aber die Forderung Gegenstand der Klage, so konstatiert schon ihre Feststellung das Unbegründetsein und ihre Verneinung das Begründetsein des Widerspruchs.[6] Eine Änderung des rechtlichen Zustandes (a. a. O. S. 579) kann das Urteil gar nicht bewirken. Widerspruchsentkräftung ist die Kehrseite der Feststellung.[7] Dies ergibt sich auch aus § 147, 1; ganz offenkundig bei einem bloßen Teilsiege. Die Forderung muß als „festgestellt" in die Tabelle eingetragen werden, einerlei, ob die Feststellung im Prüfungstermine oder im Prozeßwege erfolgt ist. (§§ 144, I; 145, I; 146, VII.)

Diese Einwendungen gelten entsprechend auch gegen *Hellmann*.[8] Er unterscheidet nach herrschender Lehre Feststellungs- und Leistungsklage als Formen des Rechtsschutzes. Er hält die Klage aus § 146 für eine Leistungsklage, gerichtet auf Verurteilung zur Zurücknahme des Widerspruchs bezw. der Anmeldung gemäß § 894 ZPO. Gegenstand der Klage wäre demnach die Abgabe einer Willenserklärung.

Wach rechnet die Klage aus § 146 gleichfalls zu den Leistungsklagen. Er unterscheidet aber die Klagarten nicht der

---

[4] *Oetker*, Konkursrechtliche Grundbegriffe I, 1891, S. 583.

[5] So auch *Pollak*, System des österreichischen Zivilprozeßrechts, 1906, S. 6ff.

[6] RG. v. 5. 1. 1907, Bd. 65, 66.

[7] *Jaeger*, Komm. z. Konkursordnung 5, 1913, § 146, Anm. 12.

[8] Lehrbuch des deutschen Konkursrechts, 1907, S. 476, 484.

Form, sondern dem Rechtsschutzgrunde nach, kennt also nur eine Form wie der Klage so des Urteils: Die Leistungsklage geht auf Feststellung und nur auf diese.[9] Auch nach der herrschenden Lehre geht die Klage aus § 146 auf Feststellung eines befriedigungsbedürftigen[10] Anspruchs.[11] Somit besteht für den Bereich des § 146 — abgesehen vom Namen — zwischen *Wach* und der herrschenden Lehre kein Gegensatz, zumal die Klage nicht bloß Rechtsgewißheit über ein streitiges Rechtsverhältnis bezweckt, sondern durch Vermittelung des Tabelleintrags die Teilnahme am Konkurse und außerhalb des Konkurses die Zwangsvollstreckung gegen den Gemeinschuldner, der nicht

---

[9] *Wach*, Der Feststellungsanspruch 1888, S. 34, 41f. Ihm folgend *Voigt*, Der Einfluß des Konkurses auf die schwebenden Prozesse des Gemeinschuldners, 1903, S. 159f. N. 2.

Die Einheit der Urteilsform ist m. E. zuerst von *Degenkolb*, Einlassungszwang und Urteilsnorm, 1877, S. 140ff., 171f. theoretisch formuliert worden, nicht wie *Heim*, Feststellungswirkung des Zivilurteils, 1912, S. 46, behauptet, von *A. S. Schultze* in seinem Konkursrecht, 1880, S. 149.

Es ist *Degenkolb* recht zu geben, daß jedes Urteil feststelle — eben in bezug auf seine Entscheidungsgrundlage, d. i. der anzuwendende und zur Anwendung gebrachte Rechtssatz. Ebenso ist jedes Urteil Befehl. Es ist ein Akt der Staatsgewalt. Staatsgewalt aber ist Herrschergewalt, unbedingt geltende Gewalt (*v. Gerber*, Grundzüge des deutschen Staatsrechts, 1880, S. 21f.). Das Urteil ist nicht lediglich Feststellung (so *Wach* a, a. O.). Es fallen aber auch Dezisive und Dispositive nicht zusammen. Der das Leistungsurteil charakterisierende Befehl hat eine andere Richtung als der in jedem Urteil liegende Befehl an die Staatsorgane. Er ist Befehl an eine der Parteien. Das lediglich der Rechtsgewißheit der Parteien dienende Feststellungsurteil befiehlt der Partei nicht. Es ist für die Parteien nur Feststellung; Befehl ist es — wie jedes Urteil — nur für die Staatsorgane.

[10] Vergl. §§ 65, 67. Abw. wohl nur *Petersen-Kleinfeller*, Die Konkursordnung für das Deutsche Reich, 1900, Anm. 18. — Wo die Kommentare ohne Zusatz des Paragraphen zitiert sind, ist § 146 KO zu ergänzen.

[11] *Flechtheim*, ZZP., Bd. 25, S. 435; *Gmelin*, Die Vollstreckbarkeit nach Reichszivilprozeßrecht, 1898, S. 59; *Jaeger* a. a. O.; *Kohler*, Lehrbuch des Konkursrechts, 1891, S. 561, N. 1; *Langheineken*, Der Urteilsanspruch, 1899, S. 187.

persönlich widersprochen hat (§§ 164, II; 206, II). Vom prinzipiellen Standpunkte aus läßt sich gegen *Wach* nur einwenden,[12] daß er den Mangel der Vollstreckbarkeit seines Leistungsurteils als eine positive Ausnahme fassen muß, während er für die herrschende Lehre selbstverständlich ist. Wenn Voigt a. a. O. diesen Einwand unter Hinweis auf die Natur des Konkurses als einer „Generalexekution" zu entkräften versucht, so ist doch damit die Tatsache nicht aus der Welt geschafft, daß die Vollstreckbarkeit auch des eine streitige Konkursforderung zuerkennenden Leistungsurteils sich nur durch das Verbot des § 14, I hintanhalten läßt.

Welches ist nun der Gegenstand der Konkursfeststellungsklage? Hat sie überhaupt einen für alle Fälle gleichartigen Gegenstand?

Der Widerspruch im Prüfungstermine kann „sich unter Anerkennung des Bestandes ausschließlich gegen die Eigenschaft der Forderung als Konkursforderung richten oder das Vorrecht . . . betreffen."[13] Deshalb verneinen *Stein*, *Fitting* und *Jonas*,[14] daß das materielle Rechtsverhältnis der gleichartige Klagegegenstand sei. Das ist ihnen vielmehr die Konkursteilnahmebefugnis als ein Anspruch des öffentlichen Rechts, ein Rechtsschutzanspruch. Die Klage ist eine rein prozeßrechtliche Klage.[15]

Die zweiseitig verbindliche Kraft des Gesetzes,[16] wodurch die Bindung des Staates an sein Recht und damit

---

[12] Hamburg v. 5. 3. 1909 OLG., Bd. 21, S. 177, wendet sich mit dem Hinweise auf die aus § 59, Nr. 1 erwachsenden Bedenken bei Verurteilung der Konkursmasse lediglich gegen die Konstruktion der Klage aus § 146 als einer Leistungsklage im herrschenden Sinne.

[13] *Stein*, Die Voraussetzungen des Rechtsschutzes in der Festschrift für *Fitting*, 1903, S. 134ff.

[14] *Stein* a. a. O.; *Fitting*, Das Reichskonkursrecht und -Konkursverfahren, 1904, § 12, N. 48; *Jonas*, Die Konkursfeststellung in ihrer prozessualen Durchführung, 1907, S. 9ff.

[15] So schon vor den oben Genannten gelegentlich *Langheineken* a. a. O., S. 187, der unter „Konkursanspruch" gleichfalls eine Form des Rechtsschutzanspruchs versteht.

[16] *Ihering*, Zweck im Recht I, S. 358.

dieses Recht selbst erst denkbar wird, postuliert subjektive öffentliche Rechte der Bürger und nicht bloß dieser gegenüber dem Staate.[17] Die aus ihnen fließenden Ansprüche richten sich gegen den Staat, nicht gegen Private; ihre Erfüllung kann daher nur vom Staate gewährt oder versagt werden. Den konkreten Anspruch insbesondere kann nur der Staat als der Pflichtige verletzen. Durch den Widerspruch gegen eine angemeldete Forderung verletzt der Opponent nicht die öffentlich-rechtliche Teilnahmebefugnis des Anmelders — die selbst wieder eine Mehrheit von Einzelansprüchen, wie Antragsrecht, Stimmrecht, Recht auf Befriedigung aus der Masse usw. bedeuten würde —, sondern hemmt nur ein gegenüber dem Gemeinschuldner behauptetes privates oder öffentliches Recht auf Geldleistung.[18] Die Teilnahmebefugnis ist nicht Klaggegenstand. Wie sollte auch die Feststellung dieser in Wahrheit ein Bündel von Ansprüchen umfassenden Befugnis eine Vollstreckung gegen den Schuldner außerhalb des Konkurses ermöglichen können! Soviel ist sicher, auch für *Stein* und *Jonas* handelt es sich im Konkursfeststellungsstreite um die Frage, ob der Anmelder ein Konkursgläubiger (bestimmter Art) ist. Der Begriff Konkursgläubiger in den §§ 3, 61 ist materiell-rechtlich (arg. §§ 14, 193). Nun gebraucht das Gesetz

---

[17] Für den Zivilprozeß speziell geht der Streit nicht mehr um das Vorhandensein subjektiv öffentlichen Rechts, ohne welches der Zivilprozeß ewig unverständlich bliebe oder doch zur einfachen Dienstanweisung an Richter und Gerichtsschreiber herabsinken würde. Daher denn auch die Publizisten, die subjektive öffentliche Rechte überhaupt anerkennen, einen Rechtsschutzanspruch annehmen (vergl. z. B. *Jellinek*, System der subjektiven öffentlichen Rechte, 1905, S. 124ff.; *O. Mayer*, Deutsches Verwaltungsrecht, 1897, I, S. 112f.; *Laband*, Das Staatsrecht des deutschen Reiches, III, 1901, S. 350ff.). Für den Zivilprozeß ist es aber streitig, ob der Rechtsschutzanspruch eine Voraussetzung des Prozesses, und hier wieder, ob er Voraussetzung der Sachentscheidung oder lediglich des Prozessierens ist, oder ob er als Anspruch auf das dem Kläger günstige Urteil Gegenstand des Zivilprozesses ist. Vergl. darüber *Bülow*, ZZP. 27, S. 213ff.; 31, 191ff.; *Degenkolb*, Beiträge zum Zivilprozeß, 1905, S. 1ff.; *Wach*, Handbuch I, S. 19ff.; ZZP. 32, S. 1ff.

[18] Vergl. auch *Oetker* I, S. 190ff.

den Ausdruck Konkursgläubiger auch in formellem Sinne, für die am Verfahren Beteiligten; und hier wieder für die, die sich am Verfahren beteiligen dürfen, und für alle, die dies tatsächlich tun. Wegen letzterer Alternative hat *Oetker*[19] den Begriff der konkurrierenden Gläubiger, die ohne Rücksicht auf ihre materielle Berechtigung am Verfahren teilnehmen, aufgestellt. Rechtsbegriffe sind Zweckbegriffe. Nach dem Zwecke des Konkurses nehmen nur diejenigen am Verfahren teil, die materiell berechtigt sind. Die Kategorie der konkurrierenden Gläubiger ist überhaupt keine juristische, ist insbesondere kein „konkursrechtlicher Grundbegriff", sondern nur ein Ausdruck der Bedingtheit alles Rechts in Verwirklichung seiner Zwecke. Der Überwindung dieser Bedingtheit dient die Klage auf Feststellung des Konkursgläubigerrechts. Der Streit geht darum, ob der Anmelder eine Konkursforderung (bestimmter Art) hat.

Konkursforderung ist eine solche, wofür die Konkursmasse haftet (§ 3). Diese ist ein durch die Konkurseröffnung rechtlich abgegrenztes Vermögen mit eigner Schuldenhaftung (§§ 58, 59). Sein Subjekt ist der Gemeinschuldner als solcher.[20]

Stets ist Gegenstand des Feststellungsstreites ein gegenüber der Konkursmasse behaupteter, schließlich oder von vornherein auf Geldleistung gehender, privat- oder öffentlichrechtlicher Anspruch, eine Konkursforderung. Mag im einzelnen Bestand, Anmeldbarkeit, Vorrecht oder Betrag der Forde-

---

[19] I, S. 10, 124ff., 134ff., 264ff., 374ff.

[20] Vergl. über diese Konstruktion auch *Jaeger* a. a. O., § 1, Anm. 52 mit reicher Lit. Neuerdings lehnt sie *Schwarz*, Archiv f. bürgerl. Recht, Bd. 32, S. 1ff., bes. 18f., 52, wieder ab. Er verwechselt die Begriffe Rechtssubjekt und Vermögen, die doch als Begriffe Abstraktionen nicht Fiktionen sind, mit ihren Substraten und verkennt, daß man einund denselben Gegenstand wissenschaftlicher Forschung unter verschiedene Kategorien fassen muß, so lange die Menschen noch nicht den universellen Standpunkt der Betrachtung erreicht haben. Dasselbe Individuum ist bald Erbe, bald Gemeinschuldner und damit Subjekt von besonderen Vermögen oder Vermögensteilen. Zudem verlangen die „Zwecke", mit denen *Schwarz*, ohne sie näher zu erklären, operiert, mehr als ein anderer Begriff ein Subjekt als Träger.

rung bestritten sein, stets ist der Widerspruch ein Einwand gegen die Eigenschaft der Forderung als einer Konkursforderung. Denn von dieser die Beziehung zum Konkursverfahren vermittelnden Eigenschaft hängt ab die „Teilnahmeberechtigung der angemeldeten Forderung an der Befriedigung aus der Konkursmasse"[21] und nicht bloß diese, sondern alle im Verfahren erwachsenden Befugnisse, wie z. B. das endgültige Stimmrecht (§ 95, I, 1), das endgültige Recht zur Bestreitung (§ 144) usw. Diese Eigenschaft also muß festgestellt werden. Das ist im einzelnen auszuführen.

Ist der Rechtsgrund der Forderung bestritten, so leugnet der Opponent, daß überhaupt eine Forderung des Anmelders bestehe, mithin auch, daß die Konkursmasse hafte. Dasselbe gilt, wenn der Opponent die sogen. Anmeldbarkeit der Forderung bestreitet (§§ 5, II; 63). Zwar kann in diesem Falle die Forderung außerhalb des Konkurses vollwirksam sein. An dieser Feststellung haben aber Opponent und Liquidant gar kein rechtliches Interesse. Für sie hat nur die Frage, ob die Forderung gegenüber der Konkursmasse besteht, rechtliche Bedeutung. Ebenso wie die unbegründete Forderung ist die nicht anmeldbare der Konkursmasse gegenüber rechtlich ein Nichts.[22] Damit erledigen sich auch die Bedenken von *Jonas* a. a. O. S. 9.[23] Erst recht handelt es sich um die Konkursforderungseigenschaft beim Vorrechtsstreit. Das führt auf die Frage nach dem Wesen der sogen. bevorrechtigten Forderung

[21] So RG. v. 23. 3. 1889, Bd. 24, S. 405.

[22] So auch mit Bezug auf die nach Konkurseröffnung entstandenen Forderungen *R. Schmidt*, ZZP., Bd. 29, S. 540.

[23] Wenn *Oetker* I, S. 278f. mit der herrschenden Lehre (abw. wohl nur *Endemann*, Konkursverfahren, 1889, S. 526) die Austragung des Widerspruchs wegen mangelnder Anmeldbarkeit im Feststellungsstreite für zulässig erachtet, so muß dies auch für die dem § 5, II unterfallende Ausländerforderung gelten. Nicht darf hierüber der Konkursrichter im Zulassungsverfahren entscheiden (so *Oetker* I, S. 310). Dagegen auch *Jonas*, S. 9f., N. 2. Es handelt sich auch hier um die materiell-rechtliche Frage der Haftung der Konkursmasse für die Forderung; selbst dann, wenn die Retorsion, wie *Oetker* I, S. 169ff. annimmt, nur in personam wirken sollte.

und des Vorrechts. Die Kommentare zur Konkursordnung[24] halten das Vorrecht für eine Eigenschaft der Forderung, also für eine materiell-rechtliche Eigenschaft.[25] Im Konkurse soll diese materiell-rechtliche Eigenschaft, soll das Vorrecht seine Wirksamkeit bewähren. Diese Wirksamkeit aber ist bevorzugte Befriedigung aus der Konkursmasse (§ 61). Vorrecht als materielle Eigenschaft würde demnach bedeuten: Wirksamkeit der Forderung gegen Dritte, gegen Nachstehende. Dann aber kann das Vorrecht nicht mehr bloße Eigenschaft der Forderung, die doch nicht gegen Dritte wirkt, sein. Ein materiell-rechtliches Vorrecht als Eigenschaft der Forderung wäre nur möglich durch Verdinglichung jener Eigenschaft zu einem Pfand- oder Beschlagsvorrecht. Die Auffassung des Vorrechts als einer Eigenschaft der Forderung führt mit Notwendigkeit zur Pfand- oder Beschlagsrechtstheorie. Einer ihrer Hauptvertreter, *Kohler*, hat mit der Behauptung, das Vorrecht sei ein prozessuales,[26] (das per consequentiam ein zivilistisches Vorrecht in den Beschlagsrechtsanteilen wirken soll), selbst den treffendsten Einwand gegen diese Theorie erhoben.

Erst wenn man das Vorrecht als prozessuales auffaßt, ist jedes Pfand- oder Beschlagsrecht undenkbar. Die Realisierung der Befriedigung im Konkurse ist Teil des Konkursverfahrens, ist Konkursprozeßrecht, also öffentliches formelles Recht. Die rangmäßige Berichtigung ist nun eine Art der Befriedigung und gleichfalls öffentlichen Rechts.[27] Daraus ergibt sich auch die Unrichtigkeit des privatrechtlich gedachten Konkursanspruchs der Motive, S. 14f.,[28] der deshalb auch nicht Gegenstand des Feststellungsstreites sein kann.[29]

Ist das Vorrecht bestritten, so ist nicht etwa Gegenstand

---

[24] Ausführlich *Jaeger*, § 61, Anm. 11.

[25] So auch *Fitting* a. a. O., S. 126; *Oetker* I, S. 483; vergl. freilich S. 490.

[26] Lehrb., S. 373; Leitfaden des Konkursrechts, 1903, S. 194.

[27] *Kohler* a. a. O.; *Oetker* I, S. 490; *Stein* a. a. O., S. 137.

[28] Vergl. auch *Jaeger* a. a. O., § 3, Anm. 49 mit Lit.; *Wach*, Handbuch I, S. 21. — abw. *Wolff*, Konkursordnung, 1900, § 3, Anm. 1.

[29] Abw. *Rocholl* a. a. O., S. 409.

des Feststellungsstreites ein prozessuales Rechtsverhältnis. Gegenstand ist auch hier die Forderung; aber nicht in bezug auf das Vorrecht, das selbst keine materiell-rechtliche Eigenschaft ist,[30] wohl aber in bezug auf diejenigen Qualifikationsmerkmale, die Voraussetzungen der bevorrechtigten Befriedigung sind, die das prozessuale Vorrecht wirken. Denn die bevorrechtigte Befriedigung hängt ab von Eigenschaften der Forderung (§ 61). Um das Vorhandensein dieser Eigenschaften geht der Streit. Im Vorrechtsstreit handelt es sich immer, wie *Oetker I*, S. 484, im Anschluß an *v. Völderndorff*[31] sagt, um die Subsumtionsfrage, also darum, ob die Forderung die im § 61 statuierten Merkmale aufweist.

Die Bestreitung eines Teiles der Forderung oder des Vorrechts bedeutet lediglich Verminderung des Streitwerts. Betragsbestreitung ist ein minus, kein aliud.

Auch ein bedingter Anspruch kann Gegenstand des Feststellungsstreits sein; nicht aber „die Art seiner konkursmäßigen Befriedigung".[32] Ob der festgestellte oder streitig gebliebene bedingte Anspruch sicherzustellen ist (§§ 154, II; 168, Nr. 1, 2), hängt ganz von der Situation zur Zeit der Schlußverteilung ab.[33]

Gegenstand des Feststellungsstreites ist sonach der materielle Anspruch gegen den Gemeinschuldner als eine bevorrechtigte oder nichtbevorrechtigte Konkursforderung von bestimmtem Betrage.

---

[30] Entsprechendes gilt für den Rang des Rechts des betreibenden Gläubigers nach § 10, Nr. 5, ZVG. Wäre dies Beschlagsvorrecht materiell-rechtlicher Art, so müßte es logischerweise ein Recht am Grundstücke, analog dem Pfändungspfandrechte an beweglichen Sachen (§ 804 ZPO) sein. Es ist aber von einer Sicherungshypothek in seinen Folgen sehr verschieden. Es ist ein prozessuales Recht. Vergl. *Jaeckel-Güthe*, Reichsgesetz über die Zwangsversteigerung und die Zwangsverwaltung, 1912, § 10, Anm. 19.

[31] Die Konkursordnung für das Deutsche Reich, 1885, II, S. 396.

[32] *Stein* a. a. O., S. 134.

[33] *Jaeger*, § 67, Anm. 2; *Wolff* a. a. O., S. 253. — Abw. *Peters.-Kleinf.* a. a. O., § 3, Anm. 3; *Stein* a. a. O.; *Willenbücher-Günther*, Konkursordnung, 1909, § 146, Anm. 3.

Dies bestätigt der Wortlaut des Gesetzes, insbesondere der § 168, Nr. 1. Danach ist die Forderung selbst im Prozesse befangen.[34]

Kapitel II.

Die zuständigen Gerichte und die Verfahrensarten.

---

§ 2.

A. Örtliche und sachliche Zuständigkeit der ordentlichen Gerichte.

Auf die Feststellung streitig gebliebener Forderungen ist im ordentlichen Verfahren Klage zu erheben (§ 146, II). Das Konkursgericht ist für diese Feststellung nicht mehr kompetent. Der letzte Rest der vis attractiva concursus ist die Bestimmung, daß für die vor die ordentlichen Gerichte gehörenden, noch nicht bei Konkursbeginn anhängigen Sachen das Amts- oder Landgericht am Orte des Konkurses ausschließlich zuständig ist (a., II, 2).

Dieser Ausschluß der Parteivereinbarung, der die Rüge der mangelnden Zuständigkeit unverzichtbar macht (ZPO §§ 40, II; 274, III; vergl. auch § 528, I, 2; 549, II), gilt nur für die örtliche Zuständigkeit. Damit ist für die Klage gegen mehrere Gegner mit verschiedenen allgemeinen Gerichtsständen die Bestimmung des zuständigen Gerichts nach ZPO § 36, Nr. 3 von Gesetzeswegen erübrigt.[1] Diese ausschließliche Zu-

---

[34] Motive II, S. 366; RG. v. 1. 7. 1903, Bd. 55, S. 160; KG. v. 4. 2. 1910, OLG. 20, S. 298; OLG. Hamm v. 30. 11. 1912, LZ. 1913, S. 327. *Hellwig*, Anspruch und Klagerecht 1900, § 55, N. 61; § 56, N. 1; § 59, N. 92; *Hullmann*, Konkursordnung für das Deutsche Reich, 1879, S. 279f.; *Jaeger*, Anm. 12; *Kohler*, Lehrb., S. 561, N. 1; *Peters.-Kleinf.* a. a. O., Anm. 17, 18, 20; *v. Sarwey-Bossert*, Die Konkursordnung für das Deutsche Reich, 1901, Anm. 4; *v. Wilmowski-Kurlbaum*, Die deutsche Reichskonkursordnung, 1906, § 139, Anm. 3; § 146, Anm. 5. — So aber auch *Jonas*, S. 11f.

[1] *Jaeger*, Anm. 4.

ständigkeit gilt nur für Konkursforderungen, nicht etwa für Absonderungsansprüche, mag auch der Anspruch gleichzeitig als Ausfallsforderung angemeldet sein (§ 64).[2] Die Ausschließlichkeit gilt nicht für die sachliche Zuständigkeit.[3] Sachliche Prorogation dient dem Zwecke des Abs. II, Zersplitterung von Streitigkeiten und Entscheidungen zu verhindern.[4] Deshalb empfiehlt sich, wenn dieselbe Forderung mehrfach, aber in verschiedener Höhe bestritten ist, eine Prorogation zwecks Erhebung einer Klage gegen alle Opponenten. Auch hier bestimmt sich der Streitwert nach § 148, nicht schlechtweg nach dem Höchstbetrage der Bestreitung, und die in einer Klage geltend gemachten „Ansprüche" werden, da nur einmalige Befriedigung in Frage, nicht nach § 5 ZPO zusammengerechnet.[5] Der ausschließliche Gerichtsstand gilt für die Neuerhebung der Klage, nicht für die Aufnahme eines zur Zeit der Konkurseröffnung anhängigen Rechtsstreites.[6] Anderenfalls wäre stets eine Reproduktion der bis zur Unterbrechung gediehenen mündlichen Verhandlung nötig (ZPO § 309). Daher bleibt das vor Konkurseröffnung zuständige Landgericht auch sachlich weiterhin zuständig, selbst wenn jetzt gemäß § 148 oder wegen bloßer Teilbestreitung der Streitwert 600 M. nicht mehr übersteigt (ZPO § 263, Nr. 2).[7]

Neben den Landgerichten gibt es keine besonderen Handelsgerichte, wie sie der Entwurf des GVG §§ 81ff.[8] vorsah. Die Kammern für Handelssachen sind Kammern der Landgerichte, also Abteilungen der ordentlichen Gerichte (GVG §§ 100, 100a). Die Ausschließung dieser zur sachgemäßen Entscheidung von „Handelssachen" berufenen Kammern wäre

---

[2] *Falkmann*, Zwangsvollstreckung, 1908, S. 478f.; RG. 29. 3. 1913; PosMSchr. 1913, S. 40f.

[3] Abw. *Jonas*, S. 16.

[4] Motive II, S. 365; LG., Wiesbaden v. 4. 7. 1900, ZZP., Bd. 29, S. 247f.

[5] *Jaeger*, § 148, Anm. 7 mit Lit.

[6] Motive II, S. 367; RG. v. 21. 6. 1902, Bd. 52, S. 55.

[7] Vergl. *Jaeger*, Anm. 19.

[8] Motive zum GVG, S. 111ff.

für die Betroffenen eine durch nichts zu rechtfertigende Schmälerung ihres Rechts. Die Feststellungsklage kann vor der Kammer für Handelssachen sowohl neu erhoben, als auch fortgeführt werden.[9] Selbst § 101, Nr. 1, GVG kann zur Anwendung kommen. So wenn der Konkursverwalter für den Gemeinschuldner, der durch den Konkurs seine Kaufmannseigenschaft nicht zu verlieren braucht, einen Feststellungsprozeß führt, dessen Gegenstand ein Anspruch des Anmelders gegen den Gemeinschuldner aus einem beiderseitigen Handelsgeschäft ist.[10] Ist ein widersprechender Konkursgläubiger Partei, so führt der zufällige Umstand, daß er Kaufmann ist, nicht zur Anwendung des § 101, Nr. 1 GVG.[11]

§ 3.

B. Urkunden- und Wechselprozeß.

Auf die Feststellung ist im ordentlichen Verfahren Klage zu erheben (Abs. II, 1). Ausgehend vom Zwecke des Urkunden- und Wechselprozesses als eines durch Beschränkung auf gewisse und liquide Beweismittel beschleunigten Verfahrens wird gefolgert, daß im Urkunden- und Wechselprozesse ein Feststellungsstreit nicht ausgetragen werden könne. Auf Grund der Streitverhandlung ergehe keine endgültige Entscheidung. Das Urteil gehe auf Verurteilung zu einer Leistung, nicht auf Feststellung.[1] Die Anhänger dieser Lehre, auch soweit sie

---

[9] *Kohler*, Lehrb., S. 563, N. 4; *Seuffert*, Deutsches Konkursprozeßrecht, 1899, § 44, N. 5; *Jaeger*, Anm. 14; *Wolff* a. a. O., Anm. 4; *Fitting* a. a. O., § 15, N. 50; *v. Wilmowski-Kurlb.*, Anm. 7. — Abw. die Motive II, S. 365: eben mit Rücksicht auf die Handelsgerichte des Entwurfs z. GVG; *Oetker* I, S. 333; *Jonas* a. a. O., S. 16f.

[10] *Jaeger*, Anm. 14; § 6, Anm. 29; *Voigt* a. a. O., S. 153.

[11] *v. Wilmowski-Kurlb.*, Anm. 7.

[1] RG. v. 9. 11. 1893, Bd. 32, S. 231; *Stein*, Der Urkunden- und Wechselprozeß, 1887, S. 356f.; *Langheineken*, Urteilsanspruch, S. 55ff. mit Lit.; *Seuffert* a. a. O., § 44, N. 3 u. 7; *Oetker*, ZZP., Bd. 25, 60; *Peters.-Kleinf.*, Anm. 9; *v. Wilmowski-Kurlb.*, Anm. 6, 12; *Hellmann*, Lehrb., S. 477f.; *Jonas* a. a. O., S. 17ff. mit weiterer Lit.

einen öffentlichen Rechtsschutzanspruch annehmen, sind folgendem Trugschlusse erlegen: Indem man die Befugnis, einen Anspruch auf eine bestimmte Quantität vertretbarer Sachen geltend zu machen, als Ausfluß eben dieses materiellen Anspruchs ansah, kam man zu der Meinung, Rechtsschutz genieße im Urkundenprozesse nur, wer Leistung oder, was man wieder identifizierte, Verurteilung zur Leistung begehre.

Die Frage nach dem rechtlichen Interesse an der Feststellung wird von *Stein*[2] und von *Jonas* verneint, weil die Verurteilung des Beklagten ohne rechtskräftige Feststellung des Anspruchs erfolgen kann. Ist aber die Feststellung nur „provisorisch",[3] so ist es auch der Leistungsbefehl; trotz der Rechtskraft des Vorbehaltsurteils (ZPO § 600). Er ist endgültig, wenn die Feststellung endgültig ist, d. i. bei Versäumnis- und Anerkenntnisurteil gegen den Beklagten (ZPO arg. § 599, I). Endgültige Feststellung ist also im Urkundenprozeß möglich (vergl. auch die Abweisung des Klägers mit dem Anspruche ZPO § 597, I). Es kann auch im Urkundenprozesse auf Feststellung geklagt werden,[4] wenn Rechtsschutzinteresse besteht. So im Liquidationsstreit, wo der Anspruch befriedigungsbedürftig ist, wo der auf Grund des Urteils vermerkte Tabelleintrag der Feststellung sogar einen Vollstreckungstitel außerhalb des Konkurses wirken kann.[5] Beim Vorbehaltsurteil ergeht endgültige Feststellung zwar nicht im Urkundenprozesse als solchen, aber doch im anhängigen Verfahren (ZPO § 600).[6]

Ordentliches Verfahren steht im Gegensatze zum Konkursverfahren.[7] Terminologisch ist bemerkenswert, daß im § 879 ZPO die Worte „im ordentlichen Verfahren" fehlen, eben weil hier der für § 146 KO gegebene Anlaß nicht bestand, den Gegen-

---

[2] A. a. O., S. 57.

[3] So *Jonas*, S. 19.

[4] In der Verallgemeinerung unrichtig *Loening*, „Widerklage", ZZP., Bd. 4, S. 187.

[5] *Kohler*, Lehrb., S. 564; *Jaeger*, Anm. 5; *Voigt* a. a. O., S. 192ff.

[6] So für den Fall der Aufnahme nunmehr auch *Fitting* a. a. O., § 12, N. 53.

[7] Motive II, S. 364.

satz hervorzuheben. Die gegnerische Meinung läßt sich auch nicht dahin korrigieren, daß die Klage aus § 146 nur dann, wenn an sich Vorbehaltsurteil ergehen müßte, mangels Rechtsschutzbedürfnisses als in der gewählten Prozeßart unstatthaft abzuweisen wäre. Diese Lösung wäre nur bei Neuerhebung der Klage möglich, bei der Aufnahme gar nicht zulässig (Abs. III). Sie würde außerdem die Ungerechtigkeit der Kostenlast für den, der den Urkundenprozeß betreibt, nicht beseitigen.

Die Aufnahme des schwebenden Urkundenprozesses ist zwingend (Abs. III).[8] Für die gegnerische Meinung aber ist, mit Ausnahme der klägerischen[9] Abstandnahme,[10] solange der Urkundenprozeß noch in der ersten Instanz schwebt,[11] die Aufnahme, sei es auch nur zwecks Herbeiführung des Nachverfahrens oder der Klagerücknahme (so *Stein*) undenkbar. Ein Streit, in dem Feststellung erfolgen könnte, ist nach Ansicht der Gegner eben gar nicht anhängig.[12] Zur Vermeidung dieser Inkonsequenzen und aus Billigkeitserwägungen läßt *Jonas*, und nun auch nunmehr *Gaupp-Stein*[13] den anhängigen Urkundenprozeß mit der Aufnahme von Rechtswegen ins

---

[8] RG. v. 22. 2. 1902, Bd. 50, S. 414f. unter Aufhebung des Urteils des KG. v. 11. 7. 1901, OLG. 3, S. 60. Nun auch KG. v. 29. 6. 1911, LZ. 1912, S. 172; *Fitting* a. a. O.; *Wolff* a. a. O., Anm. 5.

[9] *Petersen-Kleinf.*, Anm. 9, sehen bei Streit um titulierte Forderungen (Versäumnisurteil in erster Instanz!) den Opponenten, der die Aufnahme betreibt, als Kläger an. Er ist aber Beklagter; die Parteirollen wechseln nicht; er hat also nicht die Befugnis des § 596 ZPO (vergl. *Jonas* a. a. O., S. 46).

[10] Um eine in der Änderung des Antrags auf Feststellung liegende Abstandnahme vom Urkundenprozesse, nicht um einen Verfahrenswechsel ipso iure handelt es sich auch in der von *Jonas*, S. 51, zitierten Entscheidung des preuß. Obertribunals v. 30. 5. 1861; *Striethorst*, Bd. 42, S. 87. (Vergl. *Jaeger*, Anm. 5.)

[11] RG. v. 11. 6. 1881, Bd. 5, S. 351f.; *Franke*, ZZP., Bd. 5, S. 242ff.; *Wach* I, S. 276, N. 21; *Gaupp-Stein*, Die Zivilprozeßordnung für das Deutsche Reich II, 1908, § 596, II; *Seuffert*, Kommentar zur Zivilprozeßordnung, 1910, 1911, § 596.

[12] Ausführlich *v. Wilmowski-Kurlb.*, Anm. 12.

[13] A. a. O., § 592, II; vergl. auch Rehbein, Allgemeine deutsche Wechselordnung, 1900, S. 187f.

ordentliche Verfahren übergehen. Dieser Rechtsfolge fehlt jedoch die gesetzliche Grundlage.[14]

§ 4.

C. Das Mahnverfahren.

Das Mahnverfahren kennt seinem Zwecke nach keine Streitverhandlung. Deshalb endet es mit der Erhebung des Widerspruchs gegen den Zahlungsbefehl durch den Schuldner.

1. Hat der Schuldner vor Konkurseröffnung widersprochen, so wird, da der Anspruch rechtshängig bleibt (ZPO § 695), der in allen Fällen seit Zustellung des Zahlungsbefehls als vor dem Amtsgerichte anhängig geltende Prozeß durch die Konkurseröffnung unterbrochen (ZPO §§ 240, 696, 697 i. d. F. v. 1. 6. 1909).[1] Der Anmelder hat dies ordentliche Verfahren gegen jeden Opponenten, auch den persönlich widersprechenden Gemeinschuldner, aufzunehmen (KO §§ 146, III; 144, II; ZPO § 697).

2. Liegt vor der Aufnahme des Rechtsstreits zugunsten des Anmelders bereits ein Endurteil oder ein Vollstreckungsbefehl vor, so gilt § 146, VI. Der Opponent hat also z. B. unter Aufnahme des dadurch ins ordentliche Verfahren übergehenden Mahnverfahrens gegen den Vollstreckungsbefehl Einspruch einzulegen (ZPO §§ 250, 700). Ist dagegen zur Zeit der Konkurseröffnung der Vollstreckungsbefehl nicht mehr durch Einspruch anfechtbar, so tritt keine Unterbrechung des Verfahrens ein. Das alles ist unbestritten.[2]

3. Streitig ist nur, ob eine Aufnahme des Rechtsstreits im Sinne des § 146, III dann statthat, wenn zwar der Zahlungsbefehl vor Konkurseröffnung schon erlassen, Widerspruch dagegen aber noch nicht erhoben war.

---

[14] *Jaeger*, Anm. 5.

[1] Dresden v. 28. 11. 1903. Sächs. OLG. 26, S. 169; vergl. auch *Jaeger*, Anm. 19.

[2] Vergl. z. B. *Seuffert*, Zivilprozeßordnung II, § 693.

Wer mit der herrschenden Lehre annimmt, daß das Mahnverfahren in diesem Stadium durch die Eröffnung des Konkurses unterbrochen werde,[3] steht folgender Schwierigkeit gegenüber: Der Anmelder, dem die Betreibung durch Aufnahme des Verfahrens zur Last fällt, kann den Opponenten nicht zum Widerspruche gegen den Zahlungsbefehl zwecks Überganges in das ordentliche Verfahren zwingen. Erhebt letzterer nicht Widerspruch, so kann nach *Peters.-Kleinfeller* a. a. O. der Anmelder den Zahlungsbefehl gegenüber dem Gemeinschuldner für vollstreckbar erklären lassen und sich so einen Titel im Sinne des § 146, VI, verschaffen. Dabei ist aber übersehen, daß der Anmelder das Verfahren doch schon gegen den Opponenten aufgenommen hatte, dem gegenüber nunmehr ein gegen den Gemeinschuldner erlassener Vollstreckungstitel nicht wirken würde.[4]

Unhaltbar ist auch die Meinung *Voigts*,[5] solchenfalls sei mittels eines direkt gegen den Widersprechenden gehenden Vollstreckungsbefehls die Feststellung der Forderung zu erwirken. Vollstreckungsbefehl ist wirklicher Befehl, nicht lediglich Feststellung (ZPO §§ 699, 692). Ein Vollstreckungsbefehl mit der Funktion bloßer Feststellung wäre ein prozessuales Unding.[6]

Der Vorschlag *Hellmanns*,[7] den Opponenten zwecks Aufnahme vor das sachlich zuständige Gericht zu laden, um die Übernahme des Mahnverfahrens ins ordentliche Verfahren zu erwirken, setzt gerade den Widerspruch gegen den Zahlungsbefehl voraus (ZPO §§ 695f.) und erübrigt sich mit Erhebung des Widerspruchs.

Die Ansicht, daß der Widerspruch gegen die angemeldete Forderung im Prüfungstermine dem Widerspruche

---

[3] *Gaupp-Stein*, a. a. O., § 693, IV; *Kohler*, Prozeß als Rechtsverhältnis, 1888, S. 90, Anm.; *Peters.-Kleinf.*, Anm. 10; *Skedl*, Das Mahnverfahren, 1891, S. 150; *v. Struckmann-Koch*, Die Zivilprozeßordnung f. d. Deutsche Reich, 1901, § 693, 3.

[4] Richtig *Jonas* a. a. O., S. 54f.

[5] A. a. O., S. 198ff.

[6] *Oetker*, ZZP., Bd. 25, S. 60f.; *Jaeger*, Anm. 19.

[7] A. a. O., S. 477.

des § 695 ZPO gleichzuachten sei[8], ist nur unter der Voraussetzung denkbar, daß das Mahnverfahren als solches nicht gemäß § 240 ZPO durch die Konkurseröffnung unterbrochen wird. Andernfalls würden Bestreiten und Aufnahme zusammenfallen, würde der Opponent durch seinen Widerspruch im Prüfungstermine das Mahnverfahren beendigen, ohne Partei in ihm gewesen zu sein.

Obiger Ansicht stehen aber schwerwiegende Bedenken entgegen. Zunächst sei nur nebenher erwähnt, daß das Amtsgericht, das den Zahlungsbefehl erlassen hat, nicht das Amtsgericht zu sein braucht, das den Konkurs eröffnet hat. Wird das Mahnverfahren durch die Konkurseröffnung nicht unterbrochen, so gilt auch § 249 ZPO nicht. Dann könnte aber der Anmelder bis zur Erhebung des Widerspruchs im Prüfungstermine beantragen, den Zahlungsbefehl für vollstreckbar zu erklären und das Gericht müßte diesem Antrage stattgeben.[9] Bis zur Abhaltung des allgemeinen Prüfungstermins (§ 138 KO) wäre auch im Regelfalle die Frist zur Einlegung des Einspruchs (ZPO § 700) abgelaufen. Zu bemerken ist, daß bis zur Aufnahme des Verfahrens gegen einen Opponenten der Gemeinschuldner Partei bliebe.

4. Aus vorstehenden Ausführungen ergibt sich, daß das Mahnverfahren, wenn zur Zeit der Aufnahme im Sinne des § 146, III Widerspruch gegen den Zahlungsbefehl noch nicht erhoben ist, zur Erledigung des Rechtsstreites ungeeignet ist. Es bleibt somit gegenüber dem Widersprechenden nur Neuklage übrig.[10] Daraus folgt aber weiter, daß dieser Neuklage nicht die Einrede der Rechtshängigkeit (ZPO §§ 693, 263, Z. 1) entgegenstehen kann. Diese Einrede hat nur Sinn, wenn der Kläger im anhängigen Verfahren Rechtsschutz gewährt er-

---

[8] *Jaeger*, Anm. 19; *Jonas*, S. 56; *v. Wilmowski-Kurlb.*, Anm. 12; mit Einschränkung auch *Hellwig*, System, S. 610, N. 1.

[9] Selbst wenn darin ein Verstoß gegen § 12 KO läge, wie wäre zu helfen, wenn das Gericht von der Konkurseröffnung keine Kenntnis hätte?

[10] *Gaupp-Stein* a. a. O., § 693; *Jaeger*, Kommentar z. Konkursordnung, 2. Aufl., § 146, Anm. 19; *Oetker* a. a. O.; *Seuffert* a. a. O., § 693.

hält. Das ist aber mit Bezug auf die Konkursforderung eben nicht der Fall. Diese Einrede soll ferner widerspruchsvolle Entscheidungen in derselben Sache verhindern. Zu solchen kann es hier gar nicht kommen. Das Mahnverfahren hat der Anmelder nur gegenüber dem persönlich widersprechenden Gemeinschuldner zu betreiben (§ 144, II). Nur ihm gegenüber könnte er sich der Einrede der Rechtshängigkeit aussetzen. Ist Widerspruch gegen den Zahlungsbefehl noch nicht erhoben, so ist das Mahnverfahren nicht „Rechtsstreit" im Sinne des § 146, III.[11]

§ 5.

D. Sondergerichte.

§ 146, V erhält für den Feststellungsstreit die Zuständigkeit der besonderen Gerichte aufrecht. Die Gewerbe- und Kaufmannsgerichte sind besondere Gerichte (GVG § 14), deren Zuständigkeit die der ordentlichen Gerichte ausschließt (GGG § 6; KGG § 6). Die Streitigkeiten aus dem gewerblichen Arbeitsverhältnisse (GGG §§ 1, 4, 5) und dem kaufmännischen Dienstverhältnisse (KGG §§ 1, 5) sind „vom Rechtswege vor den ordentlichen Gerichten ausgeschlossene Sachen", für deren Feststellung bei Bestrittensein der Gerichtsstand des Abs. II nicht gilt.[1] Der Gemeinschuldner als Subjekt des festzustellenden materiellen Rechtsverhältnisses ist nicht notwendig Prozeßpartei: Die Zuständigkeit des Kaufmannsgerichts ist durch die Fassung des § 1, I KGG nach sachlichem, nicht nach persönlichen Gesichtspunkte abgegrenzt. Für die Zuständigkeit des Gewerbegerichts enthält aber die genauere Fassung des § 1, I KGG eine durch das Bedürfnis der Gleichbehandlung und die

---

[11] Abw. *Peters.-Kleinf.* a. a. O., die mit Beziehung auf § 13 GVG das Mahnverfahren zu den bürgerlichen Rechtsstreitigkeiten rechnen und letzteren Begriff mit „Rechtsstreit" im obigen Sinne identifizieren. Sie verwechseln dabei übrigens das Mahnverfahren mit dem in dieser Verfahrensart verfolgten Anspruche.

[1] Motive II, S. 365.

Zweckbestimmung beider Sondergerichte gebotene authentische Interpretation des § 1, I GGG.[2] Der Einwand, daß die Sachkunde der Richter dieser Sondergerichte beim Konkursfeststellungsstreite am ehesten versagen würde, ist rechtspolitischer Natur, ohne dogmatische Bedeutung. Mit der Stellung des Konkursverwalters im Prozesse und mit dem etwaigen Parteiwechsel bei der Aufnahme eines schwebenden Rechtsstreites hat die Frage der Zuständigkeit dieser Sondergerichte nichts zu tun. Sie sind gleichmäßig zuständig, mag der Konkursverwalter, ein Konkursgläubiger oder der Gemeinschuldner persönlich widersprochen haben, mag es sich um Aufnahme eines schwebenden Rechtsstreites oder um Erhebung einer Klage handeln.[3]

Prozeßgegenstand ist auch hier die Frage der Haftung der Konkursmasse als des verganteten Vermögens des Arbeitgebers oder des Dienstherrn, und zwar für einen Anspruch aus dem gewerblichen oder kaufmännischen Dienstverhältnisse. Ist das Vorrecht bestritten, so handelt es sich im Feststellungsstreite allerdings um eine „rein privatrechtliche Frage",[4] weil nämlich das Dienstverhältnis privatrechtlich ist. Dessen Eigenschaften, soweit sie Voraussetzung der bevorzugten Befriedigung sind, sind festzustellen. Ist die Forderung als solche und das Vorrecht bestritten, so entscheidet über die Forderung mit all ihren rechtlichen Merkmalen (z. B. Rechtsgrund, Zeitpunkt des Entstehens) das Sondergericht bindend auch für die ordentlichen Gerichte, denen sonach, wären sie für den Vorrechtsstreit zuständig, in bezug auf die vorrechtsbegründenden Eigenschaften lediglich eine formale Repetition, keine sachliche Entscheidung verbliebe. Die Feststellung einer Forderung als

---

[2] So *Jaeger*, Anm. 15.

[3] Vergl. über dies alles *Jaeger*, Bayr. Z. 1905, S. 5; LZ. 1907, S. 210f., 924f.; KO, Anm. 15 mit reicher Lit.; vergl. neuestens *Baum*, Handbuch f. Gewerbe- u. Kaufmannsgerichte, 1912, S. 124 mit Lit. — Abw. OLG., Hamburg v. 7. 6. 1907, LZ. S. 924; *Oetker* I, S. 346f.; ZZP., Bd. 25, S. 60; *Seuffert*, Konkursprozeß, § 44, N. 10; *Hellmann* a. a. O., S. 482; *v. Wilmowski-Kurlb.*, Anm. 8.

[4] So z. B. *Petersen-Kleinfeller*, Anm. 16.

einer bevorrechtigten bedeutet keine Kompetenzerweiterung der Sondergerichte, ist vielmehr nur eine Frage nach gewissen rechtserheblichen Eigenschaften einer Forderung, für deren Entscheidung die Sondergerichte an sich schon zuständig sind. Sie haben über diese Eigenschaften selbst dann zu entscheiden, wenn das Vorrecht allein streitig ist.[5]

Auf das Verfahren vor dem Gewerbe- und Kaufmannsgerichte finden die für das amtsgerichtliche Verfahren geltenden Vorschriften der ZPO §§ 495 ff. entsprechende Anwendung (GGG §§ 26—61; KGG § 16). Damit ist nun nicht gemäß dem § 26 GGG der § 505 n. F. ZPO entsprechend anwendbar, so daß KGG § 16, III gegenstandslos geworden wäre.[6]

Da wäre ja vorausgesetzt, daß das Amtsgericht (nicht auch das Landgericht, ZPO § 276) seinerseits an ein besonderes Gericht verweisen könnte. Das aber ist eben die Frage. Der Beweis, daß KGG § 16, III gegenstandslos geworden, ist somit nicht erbracht und läßt sich auch nicht erbringen. Solche Bindung, wie die von Gericht zu Gericht, muß selbst für Gerichte der gleichen Art ausdrücklich normiert werden, wie auch die §§ 11 ZPO, 28 GGG; 16, II KGG beweisen, welche eine im Wesen der Rechtskraft nicht enthaltene Bindung statuieren. Zwar ist in ZPO § 505 n. F. „Landgericht" ersetzt durch „das zuständige Gericht". Dieser Wechsel im Ausdruck erklärt sich lediglich daraus, daß neuerdings Verweisung auch bei örtlicher Unzuständigkeit, also auch an ein Amtsgericht, nicht mehr bloß an das zuständige Landgericht, zugelassen ist.

Wird deshalb im Gerichtsstande des § 146, II eine Klage erhoben, für die das Gewerbe- oder Kaufmannsgericht zuständig ist, so ist der Kläger mit der Klage abzuweisen (ZPO §§ 274, Nr. 1; 40, II; 528, I, 2).

Gemeindegerichte (GVG § 14, Nr. 3) bestehen zur Zeit in

---

[5] *Jaeger*, Anm. 15; KaufmG. Braunschweig v. 5. 7. 1909, LZ. 1910, S. 493f.; abw. Dresden v. 2. 5. 1906, OLG. 15, S. 43f.; *Peters. Kleinf.* a. a. O.; *Fitting* a. a. O., § 12, N. 55.

[6] So z. B. *Gaupp-Stein*, ZPO, § 505, VI. Dagegen auch *Jaeger*, ZZP., Bd. 40, S. 134; *Seuffert*, Zivilprozeßordnung, § 505, 1; *Hellwig*, System, S. 69, 136.

Württemberg und Baden. Das württembergische AG ZPO, Art. 3, hat sie in bezug auf die Klage aus § 146 ausdrücklich für unzuständig erklärt. Das Reichsgericht[7] hält sie von vornherein für inkompetent, auch dann, wenn der Prozeß gegen den persönlich widersprechenden Gemeinschuldner geht.

Die Rheinschiffahrts- und Elbzollgerichte, d. s. bestimmte Amtsgerichte, erledigen in einem meist summarischen Verfahren[8] die ihnen zugewiesenen „Zivilsachen" (GVG § 14, Z. 1).[9] Als besondere Gerichte bleiben sie auch für den Feststellungsstreit zuständig (Abs. V); um so mehr, als diese „Zivilsachen" größtenteils öffentliche Gebühren, z. B. Hafen- und Bollwerksgebühren, sind.[10]

§ 6.

E. Die Strafgerichte.

Die Buße ist Privatgenugtuung, ist Ersatz für materiellen und immateriellen Schaden.[1] Der Bußgläubiger kann Konkursgläubiger sein.[2] Die Bußforderung[3] als solche entsteht erst

---

[7] V. 1. 7. 1891, J. W., S. 416, Nr. 25.

[8] Vergl. aber sächs. Verordnung, Die Elbzollgerichte betr., vom 8. September 1879 (G.- u. VBl. 1879, S. 332), § 3, III: In Zivilsachen finden die Vorschriften über das Verfahren in dem zur Zuständigkeit der Amtsgerichte gehörenden bürgerlichen Rechtsstreitigkeiten mit der Maßgabe Anwendung, daß die Einlassungsfrist mindestens 24 Stunden beträgt.

[9] Motive zum Entwurf eines GVG, S. 34; *Gaupp-Stein*, a. a. O. I, S. 13; *Hellwig*, System, S. 64.

[10] Einschränkend *Oetker* I, S. 346; vergl. *O. Mayer*, Deutsches Verwaltungsr. II, S. 128.

[1] *Oetker*, Gerichtssaal 66, S. 325ff. mit Lit.; *v. Olshausen*, Kommentar z. Strafgesetzbuch f. d. Deutsche Reich, 1912, § 188, 2 mit Lit.

[2] Vergl. auch *Jaeger*, § 1, Anm. 14.

[3] *Oetker* a. a. O. scheidet terminologisch Bußforderung und Bußanspruch. Letzterer ist das Recht, im Strafverfahren Zuerkennung der Buße zu begehren. Dagegen erkennen z. B. Löwe-*Hellweg*, Die Strafprozeßordnung f. d. Deutsche Reich, 1907, § 443, Anm. 3, *v. Olshausen* a. a. O., § 188, Anm. 7 eine diesem Anspruch entsprechende staatliche Pflicht wegen der Fassung der Gesetze nicht unbedingt an („kann" z. B. StGB §§ 188, 231; PatG § 37; LitUG § 40). Vergl. *Oetker* a. a. O., S. 402.

mit der Rechtskraft des Bußurteils.[4] Liegt zur Zeit der Konkurseröffnung ein rechtskräftiges Bußurteil nicht vor, so wird zur Tabelle angemeldet der gewöhnliche Schadenersatz- bezw. Entschädigungsanspruch (vergl. z. B. BGB §§ 823, 824, 847; PatG § 35). Dieser Anspruch wird im Prüfungstermine bestritten. Der Widerspruch ist im Zivilprozeß, nicht im Strafprozesse, auszutragen (Abs. II). Strafgerichte sind auch nicht besondere Gerichte im Sinne von Abs. V (GVG §§ 12, 13). Konkursverwalter und widersprechender Gläubiger können im Bußprozesse als einem im Rahmen des Strafprozesses sich abwickelnden Verfahren (Neben- oder Privatklage, StPO §§ 443—446) nicht auftreten. Die Aufnahme eines schwebenden Bußprozesses vollends ist ihnen versagt. Der Bußprozeß, auch soweit er Privatklageverfahren ist, wird durch die Konkurseröffnung nicht unterbrochen.[5]

Auch das noch nicht rechtskräftige Bußurteil, das zur Zeit der Erhebung des Widerspruchs[6] gegen den Beschuldigten vorliegt, ist Titel für die Schadensersatzforderung im Sinne des Abs. VI.[7]

Die Konstruktion von *Jaeger* a. a. O. und von *v. Wilmowski-Kurlbaum*[8], wonach dann der Opponent das noch nicht rechtskräftige Urteil, soweit es Buße zuerkennt, mit den Rechtsmitteln des Gemeinschuldners angreifen kann, verstößt gegen die Grundauffassung dieser Autoren.[9] Es wäre eine auf den Beginn der Rechtsmittelfrist hinausgeschobene Unterbrechung und Aufnahme des Strafprozesses. Solange ein Titel vorliegt, hat die Betreibungslast allerdings der Opponent (Abs. VI). Er

---

[4] *Oetker*, a. a. O.; *v. Olshausen* a. a. O., Anm. 3 mit Lit.

[5] *Jaeger*, Anm. 17; *Kohler*, Archiv ziv. Prax., Bd. 81, S. 413f.; *Oetker* I, S. 164, 345ff.; a. a. O., S. 372ff.; *Peters.-Kleinf.*, Anm. 12. — Abw. *Wolff* a. a. O., Anm. 7.

[6] *Jaeger* a. a. O.; *Petersen-Kleinfeller*, Anm. 25.

[7] *Oetker* a. a. O., S. 341, 374: Die Konkurrenz von Buß- und Schadensersatzklage ist Konkurrenz zweier Befriedigungswege, nicht zweier materieller Ansprüche. Im Konkurs wird angemeldet die Ersatzforderung unter Bezugnahme auf den urteilsmäßigen Titel.

[8] Anm. 21.

[9] *Oetker* a. a. O., S. 375.

muß aber seinen Widerspruch gegen die Schadensersatzforderung im Zivilprozeßwege mit selbständiger Widerspruchsklage verfolgen.[10] Der Liquidant kann dagegen die Einrede der Rechtshängigkeit nicht geltend machen: Da der Bußprozeß ebenso wie das Mahnverfahren untaugliches Mittel für die Feststellung streitig gebliebener Konkursforderungen ist, so wirkt das in ihm nach Konkurseröffnung ergehende Urteil Rechtskraft nur in bezug auf das konkursfreie Vermögen des Gemeinschuldners.[11]

Der Bußprozeß läuft, eben weil er durch die Konkurseröffnung nicht unterbrochen wird, gegen den Gemeinschuldner weiter, selbst dann noch, wenn dieser im Prüfungstermine nicht widersprochen hat. Letzternfalls wird der Anmelder seinen Antrag auf Zuerkennung der Bußforderung zurückziehen, was er selbst noch in der Revisionsinstanz kann.[12] Ergeht gegen den Gemeinschuldner ein die Bußforderung zuerkennendes Urteil (z. B. vor dem Prüfungstermin), so hindert der Satz, daß eine erkannte Buße jeden weiteren Entschädigungsanspruch ausschließt (StBG §§ 188, II; 231, II u. a.), die Feststellung im Liquidationsprozesse nicht.[13] Eine vom Liquidanten erhobene Feststellungsklage ist nicht etwa abzuweisen.[14] Es handelt sich für den Konkurs gar nicht um einen weiteren Anspruch gegen den im Bußprozesse schon verurteilten Gemeinschuldner, vielmehr nur um die Frage, ob die Konkursmasse für den Betrag der zuerkannten Bußforderung haftet.

---

[10] So auch *Peters.-Kleinf.* a. a. O.; *Oetker* a. a. O.

[11] Hat der Strafrichter dem Verletzten Buße nicht zuerkannt, so präjudiziert das rechtskräftige Urteil einer im Wege des Zivilprozesses geltend zu machenden Schadensersatzforderung selbst dann nicht, wenn der Strafrichter die Forderung in seinem Urteile für unbegründet erklärt hätte (*Löwe-Hellweg* a. a. O., § 443, Anm. 3; *Olshausen* a. a. O., § 188, Anm. 7). Noch weniger kann ein solches Urteil den Opponenten gegenüber präjudiziell sein.

[12] So *v. Kries*, Lehrb. des deutschen Strafprozeßrechts, 1892, S. 738; *Oetker* a. a. O., S. 355; a. M. *Löwe-Hellweg* a. a. O., § 444, Anm. 4.

[13] Der Satz bedeutet nur, daß im Konkursfeststellungsstreite dann nicht mehr zuerkannt werden darf, als im Strafurteil zuerkannt ist.

[14] So *Oetker* a. a. O., S. 376.

Auch die „rechtskräftige Bußabweisung" sperrt dem Gläubiger in keinem Falle die konkursmäßige Befriedigung wegen einer zivilen Schadensersatzforderung.[15] Das im Liquidationsprozesse zugunsten des Anmelders ergehende Zivilurteil wirkt trotz der „rechtskräftigen Bußabweisung" Rechtskraft und Vollstreckbarkeit außerhalb des Konkurses gegen den nicht widersprechenden Gemeinschuldner (§§ 164, II; 194, 206, II). Kollisionen ergeben sich also in keinem Falle.

Liegt zur Zeit der Konkurseröffnung, nicht erst zur Zeit der Widerspruchserhebung, ein rechtskräftiges Urteil vor, so wirkt dieses auch gegenüber den Konkursgläubigern. Es besteht eine Bußforderung im technischen Sinne. Gegen dies unter Erforschung der materiellen Wahrheit ergangene Urteil können die Opponenten nicht im Wege der Wiederaufnahme (StPO §§ 399ff.), aber auch nicht mit einer zivilprozessualen Widerspruchsklage „nach Art der Restitutionsklage des Zivilprozesses"[16] ankämpfen.[17]

Das Verfahren nach § 122 StPO ist Verwaltungsverfahren, nicht Strafprozeß. Demgemäß ist ein Parteiwechsel möglich (§ 146, III, V).

§ 7.

F. Das Schiedsverfahren.

§ 146, II normiert den Gerichtsstand, nicht den Gerichtszwang. Liquidant und Opponent können für die Entscheidung der streitigen Forderung ein Schiedsgericht vereinbaren. Sie können ja ohnedies den Streit durch Anmeldungs- und Widerspruchsrücknahme so lange friedlich beilegen, als nicht ein den Widerspruch für begründet erklärendes Urteil wegen seiner erweiterten Rechtskraft entgegensteht (ZPO § 1025, KO § 147).[1] Auch *v. Wilmowski-Kurlbaum*[2] halten jetzt den Schieds-

---

[15] Siehe N. 11; a. M. *Oetker* a. a. O., S. 377 mit 350.

[16] So *Oetker* a. a. O., S. 375.

[17] *Jaeger*, Anm. 17; *Peters.-Kleinf.*, Anm. 25.

[1] *Jaeger*, Anm. 6, § 147, Anm. 2.

vertrag für zulässig, selbst wenn bei Mehrheit der Widersprechenden der eine oder andere auf Streiterledigung im ordentlichen Verfahren besteht. Für den Schiedsvertrag des Konkursverwalters gelten die §§ 133, Nr. 3, 135, 136.

Ein unanfechtbarer Schiedsvertrag zwischen dem Liquidanten und dem Gemeinschuldner bleibt für den Konkursverwalter als seinen gesetzlichen Vertreter wirksam. Dieser, nicht auch ein anderer Opponent[3] hat die Einrede des Schiedsvertrags (ZPO § 274, Nr. 3); bei Aufnahme eines unterbrochenen Rechtsstreits aber nur, wenn das Verfahren vor Verhandlung des nachmaligen Gemeinschuldners zur Hauptsache unterbrochen wurde (ZPO §§ 274, III; 275).[4] Der Schiedsvertrag begründet zweifellos beiderseitige Verpflichtungen[5] der Kontrahenten. Insofern ist er also ein gegenseitiger Vertrag. § 17 KO findet auf ihn gleichwohl keine Anwendung, denn der Schiedsvertrag, mag er auch ein privatrechtlicher Vertrag sein, begründet keine Verpflichtung zu geldwerten Leistungen. Und die Bindung der Parteien an den Schiedsspruch tritt als Folge der Vereinbarung von Rechtswegen ein. Eine Leistung liegt allerdings in der Ernennung von Schiedsrichtern durch die Vertragsparteien; weigert sich aber eine Partei, so werden die Schiedsrichter durch das zuständige Gericht antragsgemäß ernannt (ZPO §§ 1028; 1029, II; 1045). Ein gerichtliches Verfahren zur Ernennung des Schiedsrichters wird übrigens durch

---

[2] Anm. 10.

[3] A. M. auf Grund der Beschlags-, bezw. Pfandrechtstheorie *Kohler*, Beiträge zum Zivilprozeß, S. 226 ff.; *Seuffert*, Konkurspr., § 44, N. 3.

[4] *Gaupp-Stein* a. a. O., § 1033, III; *Jaeger*, Anm. 6; *Kleinfeller*, Recht, Bd. 16, S. 33 ff. — Abw. Braunschweig v. 4. 4. 1902, OLG., Bd. 5, S. 203; *Hellmann*, Lehrb., S. 478, N. 3; *Jonas*, S. 22, 56; *v. Sarwey-Bossert*, Anm. 5; *Levy*, Gruchots Beitr. 1893, S. 187 f.; *v. Wilmowski-Kurlb.* a. a. O.

[5] So schon *Wach* I, S. 71. Die Frage, ob der Schiedsvertrag ein materiell-rechtlicher Vertrag oder ein prozeßrechtlicher ist, spielt für die Lösung obiger Frage keine Rolle. Vergl. einerseits *Wach* I, S. 67 ff.; *Struckmann-Koch* a. a. O. II, S. 422, anderseits *Bülow*, ZZP. 31, S. 220, N. 4; *Gaupp-Stein* a. a. O., § 1025, I.

die Konkurseröffnung unterbrochen und vom Anmelder aufgenommen (§ 146, III).[6]

Das Schiedsverfahren selbst erleidet von Rechtswegen durch die Konkurseröffnung keine Unterbrechung (ZPO § 1034, II).[7] Seine Durchführung gegenüber dem Gemeinschuldner selbst hängt aber wegen §§ 164, II; 194; 206, II von dessen persönlichem Widerspruche ab.[8] Gegen den nicht persönlich widersprechenden Gemeinschuldner wirkt der gegenüber dem Konkursverwalter ergehende Schiedsspruch Rechtskraft wie ein im Feststellungsprozeß ergangenes Urteil.[9] Der Schiedsspruch wirkt Rechtskraft als solcher (ZPO § 1040). Deshalb braucht es zur Berichtigung der Tabelle keiner freiwilligen Zurücknahme der Anmeldung oder des Widerspruchs noch eines Vollstreckungsurteils.[10]

Soweit der Schiedsvertrag sich nicht auf die Entscheidung einer einzelnen Rechtsstreitigkeit beschränkt, ist kraft des vom Anmelder und Gemeinschuldner geschlossenen Schiedsvertrags auch über die Forderung als eine bevorrechtigte durch Schiedsrichter zu entscheiden, denn auch diese Rechtsstreitigkeit entspringt aus dem Rechtsverhältnis, auf das sich der Schiedsvertrag bezieht (ZPO § 1026).[11]

Der Gemeinschuldner, gegen den nach Aufhebung des Konkurses kraft Zwangsvergleichs der bisher vom Konkursverwalter geführte Feststellungsprozeß weiterläuft, kann, falls es die Lage des Rechtsstreits noch zuläßt, die Einrede des Schiedsvertrags selbst dann noch geltend machen, wenn das Gericht die Einrede des Verwalters versehentlich verworfen oder dieser sie gar nicht geltend gemacht hatte.[12]

---

[6] Hamburg v. 29. 10. 1904, OLG. 13, S. 246; v. 8. 7. 1905, OLG. 11, S. 362.

[7] RG. v. 7. 11. 1905, Bd. 62, S. 24.

[8] RG. v. 11. 11. 1896; Gruchots Beiträge, Bd. 41, S. 1200f.; *Gaupp-Stein*, § 1033, III.

[9] Vergl. *Jaeger*, § 147, Anm. 3 gegen die herrschende Meinung.

[10] Abw. *Gaupp-Stein* a. a. O. vor 704, III; *Jonas* a. a. O., S. 23.

[11] Abw. *Kohler* a. a. O.

[12] Vergl. OLG. Hamburg v. 3. 2. 1909; LZ., S. 708f.; *Kleinfeller*, Recht a. a. O.

§ 8.

G. Ausländische Gerichte.

Die Kompetenz ausländischer Gerichte ist durch § 146, II (ZPO § 328, Nr. 1) schlechthin ausgeschlossen. Die Prorogation auf ein ausländisches Gericht insbesondere läßt sich nicht als Schiedsvertrag aufrecht erhalten. Ausländisches Staatsgericht ist nicht Schiedsgericht.

Der zur Zeit der Konkurseröffnung bei einem ausländischen Gerichte gegen den Gemeinschuldner schwebende Rechtsstreit wird nicht kraft des inländischen Rechtssatzes unterbrochen. Das in ihm ergehende Urteil des ausländischen Gerichts wird für den Inlandskonkurs nicht anerkannt.[1]

Wohl aber wirkt das rechtskräftige[2] ausländische Urteil gegenüber dem beschlagsfreien Vermögen des Gemeinschuldners; aber nur dann, wenn der Schuldner im Prüfungstermine persönlich widersprochen hatte; andernfalls würde das ausländische Urteil gegen den Zweck deutscher Gesetze verstoßen (ZPO § 328, Nr. 4; KO §§ 12; arg. 144, II; 164, II).

Kapitel III.

§ 9.

Die Parteien und die Konstruktion der Aufnahme eines schwebenden Rechtsstreits insbesondere.

Partei ist der, in dessen Namen der Rechtsstreit geführt wird (sogen. formeller Parteibegriff).[1] Subjekte des Feststel-

---

[1] *Borchardt*, Gruchots Beitr., Bd. 33, S. 626f.; *Fitting* a. a. O., S. 146; *Oetker*, I, S. 345; *Seuffert*, Konkurspr., § 44, N. 7.

[2] Rechtskraft ist Voraussetzung der Anerkennung: so zuerst *Stein*, ZZP., Bd. 24, S. 228.

[1] In Fortführung eines von *Fischer*, ZZP., Bd. 10, S. 436 angeregten Gedankens *Oetker*, Jur. Lit. Bl. 2, S. 188; I, S. 316f.; *Stegemann*, ZZP., Bd. 17, S. 326f. Jetzt, trotz aller Abweichungen im einzelnen, herrschende

lungsstreites sind Liquidant und Opponent. Auch beim Streite über eine untitulierte Forderung ist nicht notwendig Kläger der Liquidant, Beklagter der Opponent. Die Begriffe positive und negative Feststellung sind relativ, namentlich in bezug auf die Rechtskraft. Hatte der Gemeinschuldner vor Konkursbeginn eine negative Feststellungsklage erhoben, so bleibt der Liquidant auch nach der Aufnahme (§ 146, III) Beklagter.[2] Der Prozeß ist Aktivprozeß, nicht im Sinne des § 10 KO,[3] wohl aber für den Liquidanten. Daher findet § 1380, 1, BGB Anwendung, auch wenn der Ehemann im aufgenommenen Rechtsstreit über eine Forderung des eingebrachten Gutes in der Rolle des Beklagten ist.[4] Der Liquidant macht also in eigenem Namen eine eigene oder fremde Forderung im Feststellungsstreit als Kläger oder Beklagter geltend.

Widersprechen kann auch der Konkursverwalter. Die neuerdings wieder von *Jonas*[5] ohne selbständige Untersuchung, von *Nagler*,[6] und von *Walsmann*[7] vertretene Amtstheorie *Oetkers*[8] und *Fischers*[9] läßt ihn daher in eigenem Namen prozessieren. Und doch kann gerade diese Theorie, soll der Begriff Organ überhaupt einen Sinn haben, den Verwalter nicht als Partei auffassen.

Daß die Partei ein Rechtssubjekt sein muß, ist nicht Konsequenz des materiellen Parteibegriffs,[10] ist vielmehr die Voraussetzung dafür, daß der Prozeß als Rechtsverhältnis gedacht

---

Lehre. Umfassende Literaturnachweise bei *Nagler*: Die Parteien im Zivil- und Strafprozesse, Rechtsgang I, 1, S. 60ff.

[2] Hamburg v. 5. 3. 1909; OLG. 21, S. 177; abw. *Jonas* a. a. O., S. 44, der wohl an die Betreibungslast denkt, die nach Lage des Falles auch den Beklagten treffen kann.

[3] RG. v. 6. 3. 1909; Bd. 70, S. 371.

[4] Vergl. *Jaeger* a. a. O., § 139, Anm. 12.

[5] A. a. O., S. 13f.

[6] Rechtsgang I, 1, bes. S. 97ff.

[7] Archiv bürgerl. Recht, Bd. 39, S. 14ff.

[8] Verfolgungsrecht, 1883, und I.

[9] *Krech* u. *Fischer*, Das preußische Gesetz betr. die Zwangsvollstreckung in das unbewegliche Vermögen, 1883, S. 127.

[10] So *Nagler* a. a. O., S. 67, 112.

werden kann: Parteifähig ist, wer rechtsfähig ist (ZPO § 50, I). Ausnahmen dieses Rechtssatzes sind Fiktionen. Diese aber lassen sich durch keine Theorie meistern, sondern nur als praktische Notwendigkeiten rechtfertigen. Der formelle Parteibegriff kann nicht entscheiden, wer Partei und wer Parteivertreter ist.[11] Das Rechtsschutzinteresse, das als Kriterium gelten soll, ist Folge, nicht Ursache. Die Amtstheorie rechtfertigt denn auch die Parteiqualität des Verwalters aus seinem Handeln kraft Amtes. Daher auch das Rechtsschutzinteresse! Mag nun der Konkursverwalter —was für das deutsche Recht absolut nicht zutrifft — ein wirkliches Staatsamt haben, mag er „Träger eines öffentlichen Mandats" sein, er würde Staatsgewalt üben als Staatsorgan.[12] Der Begriff Staatsorgan setzt die Beamtenqualität allerdings nicht voraus, verneint aber die Vertreterqualität. Organe sind Individuen (oder selbst wieder Verbände), soweit sie den Willen eines als Einheit zu denkenden Verbandes, insbesondere des Staates bilden. Insoweit ist das Individuum Willenswerkzeug des Staates, ist es eins mit ihm.[13] Diese Einheit gilt für alle nichtindividualistischen Staatstheorien.

Der als solcher prozessierende Konkursverwalter wäre als Staatsorgan nicht Persönlichkeit, also nicht Partei. Soweit er Persönlichkeit ist (sogen. Organträger), ist er wieder nicht Staats-

---

[11] Zugegeben von *Gaupp-Stein* a. a. O.; vor § 50, I mit Lit.

[12] Zugegeben von *Nagler* a. a. O., S. 126; *Walsmann* a. a. O., S. 65ff.

[13] Vergl. über den Organbegriff die zusammenfassende Darstellung bei *Jellinek*, Allgemeine Staatslehre, 1905, S. 526ff., bes. S. 546ff. mit Lit. Was *Hölder*, Natürliche und juristische Personen, 1905, gegen den Organbegriff vorbringt, trifft nicht eigentlich diesen, sondern die namentlich von *Gierke* (z. B. Deutsches Privatrecht I, S. 456ff.) vertretene Auffassung der juristischen Person, insbesondere des Staates, als eines neben den Individuen stehenden realen Organismus (gegen diesen Begriff auch die moderne Staatslehre; eingehende Untersuchungen bei *Jellinek* a. a. O., S. 142ff. mit erschöpfender Literatur). Eine Auseinandersetzung mit *Hölder*, besonders in bezug auf die Persönlichkeit des Amtes (a. a. O., S. 223ff., 317) ist wegen des grundverschiedenen, bei *Hölder* durchaus individualistischen Standpunktes unmöglich.

organ[14]: Partei wäre in jedem Falle der Staat. Die Amtstheorie kann ferner den Verwalterwechsel während eines schwebenden Prozesses nicht konstruieren. Sie muß die für die gesetzlichen Vertreter geltende Bestimmung des § 241 ZPO analog anwenden.[15] Die Amtstheorie muß die Verwalter als „grundsätzlich fungible Amtsrepräsentanten" auffassen.[16] „In der Person des Verwalters wird das Verwalteramt beklagt";[17] d. h. aber doch — trotz der energischen Ablehnung *Naglers* — Partei ist das Amt, auch wenn es „nicht zur Behörde konsolidiert ist".[18] Amt oder Behörde: beides sind Funktionen des Staates, sind der Staat in bestimmter Wirksamkeit. Partei wäre der Staat, nicht der Konkursverwalter kraft Amtes. Will die Amtstheorie gleichwohl den Konkursverwalter als Partei auffassen, so bleibt ihr nur übrig, zu einer Fiktion, die im Gesetze ausgesprochen sein müßte, ihre Zuflucht zu nehmen. Dann aber wäre sie durch folgenden Satz ihres Schöpfers selbst gerichtet: Wie man über Fiktionen immerhin denken mag, sicher entbehren sie der Berechtigung, wenn auch ohne sie zutreffende juristische Konstruktion und gesetzentsprechende Beurteilung der Rechtslage gesichert ist.[19]

---

[14] Die Amtstheorie konfundiert dadurch, daß sie den Konkursverwalter im eigenen Namen prozessieren läßt, das Organ mit dem Organträger. Wäre der Konkursverwalter in Ausübung des Verwaltungs- und Verfügungsrechts wirklich Organ, so hätte derjenige, der im einzelnen Falle die Verwalterfunktion ausübte, zweifellos ein Recht darauf, die Ausübung der Verwaltung und Verfügung ungestört vornehmen zu dürfen. In der Ausübung aber wäre der Verwalter Organ im Dienste des Staates und handelte in Erfüllung staatlicher Pflichten, also gerade nicht in Ausübung eigener Rechte, was die Amtstheorie denn auch zugibt. *Walsmann* a. a. O., S. 60ff., erkennt außerdem an, daß das Gesetz die Verwaltungs- und Verfügungsbefugnis des Verwalters durchaus privatrechtlich regelt (S. 63): dann ist es aber völlig widerspruchsvoll, im Konkursverwalter insoweit ein Staatsorgan zu sehen.

[15] So z. B. *Gaupp-Stein* a. a. O., § 241, I, 2. Eine Inkonsequenz, auf die auch *Hellwig*, System, S. 159, hinweiset.

[16] *Nagler* a. a. O., S. 106.

[17] *Oetker* I, S. 322.

[18] *Nagler* a. a. O.

[19] *Oetker*, Goldschmidts Z., Bd. 66, S. 207.

Partei ist der Gemeinschuldner als Subjekt der Konkursmasse. Die Ausübung der Verwaltungs- und Verfügungsbefugnis durch den Konkursverwalter als seinen Stellvertreter beruht auf dem Gesetze (§ 6, II).[20] Deshalb übt insoweit aber der Verwalter doch nicht Staatsgewalt aus, sondern Rechte des Gemeinschuldners, die oft Rechte gegen den Staat sind. Allerdings sind es nicht notwendig Interessen des Gemeinschudners (es sei denn, man gebrauchte diese „Interessen" wie die Motive II, 16 im metaphysischen Sinne). Da das Gesetz in § 6 ausdrücklich von Rechtsausübung redet, ist es unzulässig, wenn neuerdings wieder *Walsmann*[21] die Vertreterqualität des Konkursverwalters deshalb leugnet, weil er das öffentliche Interesse, dann wieder das schutzbedürftige Interesse verschiedener Interessenträger wahre. Es handelt sich nicht um Interessenwahrung, sondern um Rechtswahrnehmung. Interessenwahrung ist demgegenüber ein unjuristisches Kriterium. Im Bereiche des § 6 ist der Verwalter gesetzlicher Vertreter des Gemeinschuldners.[22] Für den Feststellungsprozeß ist der widersprechende Verwalter Prozeß-

[20] Dadurch soll nicht bestritten werden, daß der Konkursverwalter ein Organ der staatlichen Rechtspflege ist. Das Konkursverfahren beruht auf dem Grundsatze der sogen. Selbstverwaltung. Diese ist nicht Privattätigkeit, sondern Ausübung der öffentlichen Gewalt durch Nichtbeamte, die als Staatsorgane fungieren. Soweit aber ihr Handeln nicht bloß Handeln für den Staat, sondern zugleich für einen Dritten, in Ausübung seiner Rechte und Pflichten ist — wie eben beim Konkursverwalter —, ist das dem Staate gegenüber bestehende Rechtsverhältnis der Organträgerschaft scharf zu scheiden von der Rechtsbeziehung, in die der Organträger zu dem Dritten, für den er handelt, tritt. Ist dieser Dritte ein der Privatrechtsordnung unterstehendes Subjekt, so ist das Rechtsverhältnis, da der Handelnde und der, für den gehandelt wird, zwei sind, eine Stellvertretung. In Ausübung der Rechte und Pflichten des Gemeinschuldners handelt der Konkursverwalter nicht als Organ, sondern als Stellvertreter. Er nimmt aber seine Legitimation hierzu aus seiner auf dem Gesetze beruhenden Organstellung. Das ist der Sinn des so oft nachgesprochenen Satzes: Die Stellung des Verwalters ist zwiespältig.

[21] A. a. O., S. 61, 64f.

[22] Vergl. die bes. in den praktischen Konsequenzen erschöpfenden Ausführungen von *Jaeger* a. a. O., § 6, mit reicher Lit.

vertreter des Gemeinschuldners; auch dann, wenn die Anmeldbarkeit der Forderung bestritten ist. Nicht etwa hat in letzterem Falle der Verwalter die sogen. prozeßhindernde Einrede der mangelnden gesetzlichen Vertretung, weil er das Bestehen einer Konkursforderung leugnet.[23] Auch wenn er die Forderung dem Rechtsgrunde nach bestreitet, leugnet der Verwalter ihr Bestehen gegenüber der Konkursmasse. Die Ansicht von *Jonas* und *Voigt* verkennt das Wesen des Prozesses und der Prozeßvertretung insbesondere, indem sie diese stempelt zu einer Vertretung in bestehenden materiellen Rechten und Pflichten. Ist der Widerspruch gegen die Anmeldbarkeit begründet, so ergeht Sach-, nicht Prozeßurteil.[24] Mit der Behauptung, daß bei der Annahme eines Rechtsstreites zwischen dem Kridar als dem Subjekte der Masse und zwischen ihm als Subjekt des konkursfreien Vermögens das „Zweiparteienverhältnis" fehlen würde, verfällt *Nagler*[25] in den oben gerügten Fehler, juristische Begriffe, also Abstraktionen, mit ihrem Substrat zu verwechseln. Dasselbe Individuum kann rechtlich zugleich Kläger und Beklagter sein, wie es auch zugleich Gläubiger und Schuldner sein kann.

Soweit ein Prozeß gegen den widersprechenden Gemeinschuldner persönlich geführt wird (§ 144, II), prozessiert dieser eben nicht als Gemeinschuldner, sondern als Subjekt seines konkursfreien Vermögens, für dessen Rechnung.[26]

Die Parteiqualität des widersprechenden Gläubigers ist heute unbestritten. Die früher, besonders für den Fall der Aufnahme eines zur Zeit der Konkurseröffnung schwebenden Rechtsstreits vertretene Ansicht, der Opponent sei Intervenient des Gemeinschuldners,[27] scheitert daran, daß ein Nebenintervenient auch dann auftreten müßte, wenn der Gemeinschuldner nicht mehr am Feststellungsstreit beteiligt ist, weil der Konkursver-

---

[23] So *Jonas* a. a. O., S. 25f.; vergl. freilich S. 77; *Voigt* a. a. O., S. 156; vergl. schon *Oetker* I, S. 317.

[24] *Jaeger*, Anm. 21.

[25] Vorher schon *Hellwig*, Lehrb. II, S. 296.

[26] Protokolle, S. 99.

[27] *v. Bar*, Holtzendorffs Enzyklopaedie [5], S. 851; *v. Wilmowski*, Deutsche Konkursordnung, 1885, § 127, Anm. 1.

walter der Forderung im Prüfungstermine nicht widersprochen hat, der Rechtsstreit somit dem Gemeinschuldner gegenüber in der Hauptsache gegenstandslos geworden ist.

Wie ist nun bei der Aufnahme eines schwebenden Rechtsstreites die Parteistellung des Opponenten zu denken? Mit der Positivität und Zweckmäßigkeit der Vorschrift des Abs. III[28] ist nichts bewiesen. Die Lösung bietet auch nicht eine auf dem Beschlags- oder Pfandrechte der Konkursgläubiger beruhende Sukzession in das Prozeßrechtsverhältnis.[29] Sie ist schon deshalb undenkbar, weil der Gemeinschuldner Partei bleibt, wenn der Konkursverwalter, der nicht Vertreter der Gläubigerschaft ist, die Forderung mit bestritten hat.

Das Gesetz faßt den vom oder gegen den Opponenten aufgenommenen Rechtsstreit als eine Einheit auf. So ist die Frage: Wie kann ich diesen Rechtsstreit als Einheit denken trotz des Parteiwechsels?[30] Die Antwort darauf ist zugleich die Rechtfertigung der Parteiqualität des Opponenten.

Parteiwechsel findet stets statt, wenn der schwebende Rechtsstreit einem widersprechenden Konkursgläubiger gegenüber oder von diesem aufgenommen wird. Nicht darf man wie *Petersen-Kleinfeller*[31] unterscheiden, ob außerdem noch der Konkursverwalter widersprochen hat oder nicht. Im ersteren Falle sollen die widersprechenden Gläubiger neben den Gemeinschuldner, nicht an dessen Stelle treten. Nach *Voigt*[32] treten die

---

[28] So *Oetker* I, S. 338.

[29] *Kohler*, Prozeß als Rechtsverhältnis, 1888, S. 83ff.; vergl. allerdings auch ZZP., Bd. 12, bes. S. 97f.; *Seuffert*, Konkursprozeßr., S. 271. Gegen die Sukzessionstheorie z. B. *v. Wilmowski-Kurlbaum*, Anm. 11.

[30] Annahme eines Parteiwechsels ist trotz der Verschiedenheit der Konstruktionen im einzelnen die herrschende Lehre: *Jaeger* 19; *Jonas* 39ff.; *Petersen-Kleinfeller*, Anm. 14; *Seuffert* a. a. O., S. 271; *Voigt*, S. 163; *Bunsen*, ZZP. 26, S. 315. Für *Oetker* I, S. 343, bildet das Verfahren bis zur Unterbrechung bloß einen „materiellen Teil“ des gegen den Opponenten geführten Rechtsstreits. Im übrigen muß die Positivität des Rechts helfen, diesen „materiellen“ Teil eines Prozeßverfahrens genügend zu erklären.

[31] Anm. 14.

[32] S. 163.

widersprechenden Konkursgläubiger sogar stets neben den Gemeinschuldner, der immer im Prozesse bleibt; auch wenn weder er selbst noch der Konkursverwalter widersprochen hat. Mehr oder minder klar liegt diesen Ansichten die Idee eines Gesamtprozesses zugrunde. Einheit des Prozeßrechtsverhältnisses aber ist doch nicht Identität der aus dem gegen den nachmaligen Gemeinschuldner geführten Rechtsstreite möglicherweise erwachsenden Mehrheit von Prozeßrechtsverhältnissen. Diese Verwechselung wird bei *Voigt* um so unverständlicher, als er selbst bei der Streitgenossenschaft eine Mehrheit von Prozeßrechtsverhältnissen annimmt unter ausdrücklicher Berufung auf die Motive zur ZPO, S. 79.[33] Diese Verwechselung liegt auch der *Kohler*schen Sukzessionstheorie zugrunde, die deshalb bei Widerspruchsmehrheit gleichzeitige Aufnahme des schwebenden Rechtsstreites gegen alle Opponenten in einem Verfahren verlangt.[34]

Wird der Rechtsstreit gegen einen Konkursgläubiger aufgenommen, so liegt stets ein Parteiwechsel vor. Opponentenmehrheit aber wirkt Mehrheit der Prozeßrechtsverhältnisse, auch im Falle der Streitgenossenschaft. Jedes dieser von einander verschiedenen Prozeßrechtsverhältnisse bildet mit dem gegen den nachmaligen Gemeinschuldner bis zur Aufnahme verlaufenen Verfahren eine Einheit. Jedes von ihnen ist insoweit das alte Prozeßrechtsverhältnis, nur mit einem neuen Subjekte.

Was wir Prozeßrechtsverhältnis nennen, fassen wir damit unter ein Einheitsmerkmal zusammen. Dieses ist aber für das Rechtliche als ein Geistiges die Kategorie des Zweckes. Daß ein formales Einheitsmerkmal, wie z. B. die Partei (ZPO § 239; KO § 146, III) nicht genügt, die Einheit des Prozeßrechtsverhältnisses zu begründen, ist oben zugegeben. Alles Rechtliche ist ein Sollen, ist normativ. Seine Folgen, die Rechtsfolgen, sind deshalb auch nicht auf eine gemeinsame Ursache als kausales Einheitsmerkmal zurückzuführen. Von den in Betracht kommenden Kategorien bleibt somit nur die des

---

[33] *Voigt*, S. 24, N. 1.

[34] „Der Prozeß muß ganz aufgenommen werden.“ *Kohler*, Archiv f. ziv. Prax., Bd. 81, S. 407.

Zweckes übrig. Diese ist für den Einzelprozeß der Klagezweck als der subjektive und damit individuelle Zweck.[35] Klagezweck aber ist ein geltend gemachter „Anspruch", gestützt auf einen bestimmten Klagegrund (ZPO § 253, Nr. 2). Anspruch und Klagegrund bilden als Klagegegenstand das Einheitsmerkmal des einzelnen Prozeßrechtsverhältnisses.

Da nun bei Bestreitung des Grundes oder der Anmeldbarkeit[36] der Forderung den Gegenstand des Feststellungsstreites die Forderung bildet, wofür die Konkursmasse haften soll, diese aber gerade das beschlagsfähige Vermögen des Schuldners zur Zeit der Prozeßunterbrechung ist (ZPO §§ 240; KO § 1), die Forderung sich somit auf dasselbe Vermögen desselben Schuldners wie vor der Konkurseröffnung bezieht, so ist wegen der Gleichheit des Prozeßgegenstandes die Möglichkeit gegeben, daß jeder Feststellungsprozeß trotz etwaigen Parteiwechsels sich auf dem unterbrochenen Prozeß aufbaut. Anspruch und Klagegrund bleiben dieselben.[37] Die etwa notwendige Umstellung des Klagantrags auf Feststellung ist keine Klagänderung (ZPO § 268, Z. 2; Motive II, 366; Protokolle 92f.). Beim sogen. Vorrechtsstreit, wo es sich gar nicht um Feststellung des Bestehens oder Nichtbestehens der Konkursforderung als solcher, sondern um Eigenschaftsfeststellung handelt, ist eine Aufnahme undenkbar, weil der Anspruch, so wie er vor Konkurseröffnung rechtshängig geworden war, durch Nichtbestreiten im Prüfungstermine als festgestellt gilt, der Prozeßzweck also erreicht ist.[38]

Obige Untersuchung führt außerdem zu der wichtigen Konsequenz, daß alle Theorieen, die einen von der materiellen Forderung verschiedenen Gegenstand der Konkursfeststellungsklage annehmen, bei der Konstruktion der Prozeßaufnahme versagen. Sie können sie schlechterdings nicht erklären. Das gilt insbeson-

---

[35] Vergl. *Wach* I, S. 36f.; *Bülow*, ZZP., Bd. 27, S. 231.

[36] Eine Einschränkung ergibt sich beim Vorliegen eines Titels (unten § 17).

[37] *Jaeger*, Anm. 19.

[38] §§ 144, I; 145, I; *Jaeger*, Anm. 19; *v. Wilmowski-Kurlb.*, Anm. 11; abw. *Jonas* a. a. O., S. 57, 61.

dere von der Konstruktion von *Jonas*,[39] wonach sich der aufgenommene Prozeß in objektiver wie subjektiver Hinsicht ändert, ja sogar die Parteien ihre Rollen wechseln können.[40] Damit ist die Einheit des Prozeßrechtsverhältnisses zerstört.

Kapitel IV.

Das rechtliche Interesse.

I.

§ 10.

Das Rechtsschutzinteresse im allgemeinen.

In seiner Schrift: Die Voraussetzungen des Rechtsschutzes, hat *Stein*, in Anlehnung an den Begriff des Urteilsanspruchs als des vorprozessualen Anspruchs des Klägers auf günstiges Urteil[1] prinzipielle Voraussetzungen des der Klage stattgebenden Urteils aufgestellt.

Die Voraussetzungen des Rechtsschutzes können als Voraussetzungen des günstigen Sachurteils für die Art der Abweisung des Klägers mit seiner Klage nicht entscheidend sein.[2]

Nimmt man einen Urteilsanspruch im obigen Sinne an, so wird er nicht festgestellt. Er wird befriedigt oder versagt.[3] Er wird versagt, mag die Klage als unbegründet oder als unzulässig abgewiesen werden.

Nach *Stein*[4] ergeht „Sachurteil" dann, wenn der Urteilsanspruch des Klägers „unbegründet" ist, also wenn er versagt wird. Zum Begründetsein des Urteilsanspruchs gehört das

---

[39] A. a. O., S. 39ff., 82, 92; ebenso *Gaupp-Stein* a. a. O., § 240, II, 3.

[40] *Jonas*, S. 44.

[1] *Wach* I, S. 19ff.; Feststellungsanspruch, S. 15ff.

[2] Diese Auseinandersetzung ist notwendig geworden, weil *Jonas* a. a. O., bes. S. 23ff., ohne weitere Prüfung *Steins* Ansichten übernommen hat.

[3] *Wach* I, S. 21.

[4] A. a. O., S. 20, 25.

Rechtsschutzbedürfnis.[5] Fehlt es, so ist der Urteilsanspruch des Klägers unbegründet, folglich — so wird weiter geschlossen — ist der des Beklagten begründet.[6] Der Beklagte ist rechtsschutzbedürftig, also müßte er ein (ihm günstiges) Sachurteil erhalten. Sachurteil, eben als günstiges Urteil, ist aber Urteil zur Hauptsache, ist Urteil über das streitige materielle Rechtsverhältnis.[7] Bei Fehlen des klägerischen Rechtsschutzinteresses, das ihm Teil des „Klagegrundes" ist, weist nun Stein die Klage zwar als „unbegründet", aber aus einem prozessualen Grunde ab.[8] *Stein* kann also selbst nicht die Konsequenzen aus seinen Ausführungen S. 20, 25 ziehen. Seine Klagabweisungslehre ist lediglich eine terminologische Verwirrung, die sich aus der Doppeldeutigkeit erklärt, mit der er den Begriff „Klagegrund" (S. 25) gebraucht: im Sinne eines Erfordernisses, bezw. des Begründetseins der Klage, einmal in prozessualer, dann wieder in materiellrechtlicher Beziehung. Nur letzterenfalls ergeht aber Sachurteil, ersternfalls Prozeßurteil: Fehlt das Rechtsschutzinteresse, so wird die Klage als unzulässig, nicht als unbegründet abgewiesen.[9] Allerdings rechnen Anhänger des *Wach*schen Urteilsanspruchs das Rechtsschutzinteresse zum Klagegrunde, zum prozessualen Klagegrunde, Rechtsschutzgrunde.[10] Die Frage nach dem Rechtsschutzinteresse ist ihnen eine Frage des Prozesses, Entscheidung darüber ist Entscheidung über den Urteilsanspruch, der Gegenstand des Rechtsstreites ist. Rechtsschutzinteresse ist nicht Prozeßvoraussetzung.[11]

Als ein allgemeines, nicht bloß auf die Feststellungsklage beschränktes Erfordernis ist das Rechtsschutzinteresse

[5] A. a. O., S. 15, 67f.

[6] A. a. O., S. 20.

[7] So auch *Wach*, Feststellungsanspr., S. 27; *Hellwig*, Lehrb. I, S. 163, N. 7; BGB § 212.

[8] Vergl. z. B. *Gaupp-Stein* a. a. O., § 256, III, V.

[9] *Wach*, Feststellungsanspr., S. 26f., N. 35; *Hellwig* schon Lehrb. II, S. 16f.; System, S. 249, 254, 258.

[10] Wegen der Terminologie vergl. *Hellwig*, System, § 101, N. 2.

[11] *Wach* a. a. O., S. 24f.; *Gaupp-Stein* a. a. O., § 256, III; *Hellwig*, Lehrb. I, S. 164; § 59, N. 20; *Seuffert*, ZPO, S. 387; *Förster-Kann*, Die Zivilprozeßordnung f. d. Deutsche Reich, 1913, vor § 253.

Voraussetzung jedes Sachurteils.[12] Solch allgemeine Sachurteilsvoraussetzung ist aber Prozeßvoraussetzung für den, der den vorprozessualen Anspruch auf günstiges Urteil nicht anerkennt.[13] Nicht bloß für ihn, vielmehr für jeden, der den Begriff der Prozeßvoraussetzungen im Sinne *Bülows* faßt.[14] Wer trotzdem das Rechtsschutzinteresse nicht zu den Prozeßvoraussetzungen rechnet, der verengt damit den Begriff der Prozeßvoraussetzung, macht ihn unbrauchbar. Soll dieser wissenschaftlichen Wert haben, so muß er die allgemeinen Sachentscheidungserfordernisse sämtlich umfassen.

Die Formvorschriften der §§ 274ff. ZPO sind auf die Verhandlung über das Rechtsschutzinteresse nicht anwendbar. Verhandlung darüber ist Verhandlung zur Hauptsache; an seinem Wesen ändert dies nichts.[15] Für die Reihenfolge der vom Gerichte zu prüfenden Voraussetzungen zulässiger Sachentscheidung ergibt sich, daß zunächst die „prozeßhindernden Einreden" des § 274 ZPO, dann erst das Rechtsschutzinteresse zu prüfen ist.

§ 146 KO enthält eine authentische Interpretation des § 256 ZPO in bezug auf das rechtliche Interesse an der Feststellung.[16]

---

[12] *Langheineken* a. a. O., S. 21f.; *Stein*, Voraussetzungen, S. 15ff.; abw. *Förster-Kann* a. a. O. Vor § 253, 4 b, aa.

[13] Vergl. insbes. *Reichel*, Unklagbare Ansprüche, *Iherings* Jagrb., Bd. 60, S. 38ff., 67. Mit anderer Begründung *Bülow*, ZZP., Bd. 31, S. 254. Dagegen wieder *Hellwig*, Lehrb. II, S. 18, N. 28. Gegen *Hellwigs* Klagevoraussetzungen (z. B. Lehrb. II, S. 12ff.), aber auch *Gaupp-Stein* a. a. O., § 274, N. 12. — Gegen den Begriff der Prozeßvoraussetzungen wendet sich neuerdings *Nußbaum*, Die Prozeßhandlungen, 1908, S. 128ff. Die Prozeßvoraussetzungen sind allerdings weder „Voraussetzungen der Zulässigkeit des Prozessierens" noch der „durchgängigen Gültigkeit des Prozesses". Das ist ein eingebildeter Begriff der Prozeßvoraussetzungen. Sie sind vielmehr „die spezifisch prozeßrechtlichen Vorbedingungen der Sachentscheidungsmöglichkeit" (*Bülow* a. a. O., S. 252). Sie sind also, wie *Nußbaum* wünscht, wirklich „nicht für das Ergehen, sondern für den Inhalt der Entscheidung von Bedeutung" (a. a. O., S. 134).

[14] ZZP., Bd. 31, S. 252; so z. B. *Gaupp-Stein* a. a. O., § 274, I; *Seuffert* a. a. O., § 274, 1.

[15] *Bülow* a. a. O., S. 254.

[16] Vergl. auch RG., Bd. 34, S. 410, N. 1.

Rechtsschutzinteresse gibt der Widerspruch gegen die angemeldete Forderung im Prüfungstermine. Er gibt es in bezug auf die Subjekte, er gibt es in bezug auf das Objekt des Prozesses. Das Prüfungsverfahren legt Streitgegenstand und Parteien fest.[17]

II. Das Interesse an der Feststellung des Konkursgläubigerrechts in subjektiver Hinsicht.

§ 11.

Die Betreibung der Feststellung nicht titulierter Ansprüche.

Den Gläubigern streitig gebliebener Forderungen bleibt überlassen, die Feststellung derselben gegen die Bestreitenden zu betreiben (Abs. I, 1).

Die Initiative im Feststellungsprozesse hat der Gläubiger der streitigen Forderung nur, soweit für die Forderung nicht ein Schuldtitel im Sinne des Abs. VI vorliegt. Die Betreibungsbefugnis hat ihren Grund in der verschiedenen Behandlung, die der untitulierten im Gegensatz zur titulierten Forderung widerfährt, sobald im Prüfungstermine Widerspruch erhoben ist.[1] Die titulierte Forderung ist trotz des gegen sie erhobenen Widerspruchs aus der Konkursmasse zu befriedigen unter der auflösenden Bedingung, daß der Widersprechende ein seinen Widerspruch für begründet erklärendes Urteil erstreitet. Der nicht titulierte Anmelder nimmt dagegen unter der aufschiebenden Bedingung am Verfahren teil, daß ihm die Beseitigung jedes Widerspruchs glückt. Vor der Klagerhebung bezw. Prozeßaufnahme seitens des Anmelders wird die nicht titulierte Forderung nicht einmal durch Zurückbehaltung von Anteilen berücksichtigt (§§ 152; 155; 168, Nr. 1).

Der persönliche Widerspruch des Gemeinschuldners hat für die konkursmäßige Feststellung keine Bedeutung (§ 144). Sein

---

[17] Motive II, S. 364; RG. v. 14. 11. 1893; JW. 1894, S. 16, Nr. 35; v. 12. 3. 1894 *Bolze* 18, Nr. 766; v. 10. 1. 1897 JW., S. 111, Nr. 22; v. 12. 4. 1897, Bd. 39, S. 48; v. 17. 2. 1908, LZ., S. 391.

[1] *Oetker* I, § 8.

Widerspruch gegen die Forderung hindert nicht einmal die Auszahlung der auf sie entfallenden Quoten. Die Feststellungsklage[2] gegen den persönlich widersprechenden Gemeinschuldner ist nicht die Konkursfeststellungsklage.

Eine Anomalie ist § 115, II GenG. Wenn der Vorstand als Organ der in Konkurs verfallenen Genossenschaft die angemeldete Forderung im Prüfungstermine ausdrücklich bestritten hat, so werden die auf die Forderung entfallenden Anteile zurückbehalten. Es macht keinen Unterschied, ob für die Forderung ein Titel vorliegt oder nicht. Das gemäß § 115, II GenG gegenüber der Genossenschaft als dem widersprechenden Gemeinschuldner ergehende Urteil wirkt auch für und gegen alle Genossen hinsichtlich der vom Gläubiger gegen sie geltend gemachten Haftpflicht (§§ 122, IV, V; 141 GenG): Das Urteil wirkt außerhalb des Konkurses. Dies ist aber eine Sekundärwirkung. Ein solches Urteil wirkt zunächst im Konkurse für die Nachschußmasse, den aus den Beträgen der Genossen gebildeten besonderen Teil der Konkursmasse. Soweit der Widerspruch des Vorstandes rechtskräftig für begründet erklärt ist, werden die zurückbehaltenen Anteile zur Verteilung an die übrigen Gläubiger frei (§ 115, II, 3). Soweit der Vorstand Widerspruch erhoben hat, wirkt andererseits eine Forderungsfeststellung im Prüfungstermine oder im Feststellungsprozesse mit den Konkursgläubigern nicht dahin Rechtskraft, daß die Forderung auch der Nachschußmasse gegenüber besteht. Die Klage, die die Genossenschaft, also die Gemeinschuldnerin durch ihre Organe, Vorstand oder Liquidatoren, für die Nachschußmasse erhebt, ist weder Feststellungsklage nach ZPO § 256, noch nach KO § 144, II.[3] Sie ist auch nicht Repressionsklage, denn „die Pflicht der Genossenschaft, den Ausfall dieses Gläubigers aus Nachschüssen zu decken“[4] kann nicht reprimiert, nur positiv oder negativ festgestellt werden. Die Klage ist Feststellungs-

---

[2] *Jaeger*, § 144, Anm. 5 mit Lit.; a. M. *Jonas*, S. 35 mit Lit.

[3] *Oetker* I, S. 428; *Parisius-Crüger*, Das Reichsgesetz betr. die Erwerbs- und Wirtschaftsgenossenschaften, 1911, § 115, Anm. 4 mit Bezug auf Begründung II, S. 124.

[4] *Oetker* a. a. O.

klage, und zwar partielle Konkursfeststellungsklage, d. h. nur mit Wirkung für die Nachschußmasse, eben weil insoweit die Rechtskraft des gegenüber den Konkursgläubigern erstrittenen Feststellungsurteils versagt. Nicht handelt es sich lediglich um Feststellung des Begründetseins oder Unbegründetseins des Widerspruchs.[5] Das sind nur Korrelate der Feststellung des Bestehens oder Nichtbestehens der Forderung gegenüber der Nachschußmasse. Auf diese Klage findet demgemäß § 146 KO direkt Anwendung.[6] Selbst Abs. VI ist nicht ausgenommen:[7] § 115, II, 2 GenG statuiert nur ausdrücklich die Betreibungsbefugnis des titulierten Gläubigers, die für den Fall des § 146, VI mitunter bestritten wird.

Ist lediglich das Vorrecht bestritten worden, so hat der Befriedigung beanspruchende Gläubiger bis zum Ablaufe der Ausschlußfrist dem Verwalter den Nachweis zu liefern, daß er die Prioritätsklage erhoben hat; sonst wird er bei der vorzunehmenden Verteilung nicht als bevorrechtigter Gläubiger berücksichtigt.[8]

Aus den Rechtsfolgen des Widerspruchs gegen die nicht titulierte Forderung ergibt sich, daß der Widersprechende an der Feststellung gemäß § 146 kein Interesse haben kann. Der Opponent würde nicht, wie § 146, I verlangt, die Feststellung

---

[5] So *Deumer*, Recht der eingetragenen Genossenschaften, 1912, S. 404; *Parisius-Crüger* a. a. O.; *Peters.-Kleinf.*, S. 757, Anm. 3; *v. Wilmowski-Kurlb.*, S. 535.

[6] Daraus, daß Partei die Genossenschaft als solche ist (§ 17 GenG) und daß sie hier durch den Vorstand (§ 24) handelt, nicht durch den Konkursverwalter vertreten wird, ist kein Argument gegen die Vertreterstellung des Verwalters zu entnehmen. Die Ausnahme, daß der Gemeinschuldner selbst auf die Konkursfeststellung Einfluß gewinnt, erklärt sich aus der Nachschußpflicht und der eventuellen Haftpflicht (§§ 122, 141 GenG) der die Genossenschaft bildenden Genossen. Durch das ihr nach § 115, II GenG zustehende Recht dient die Genossenschaft vorzüglich den Interessen der Genossen. Gerade deshalb handelt sie durch ihren Vorstand, der selbst aus Genossen besteht (§ 9, II). § 115, II ist wieder ein Beweis, wie vielfältige Interessen durch Ausübung eines subjektiven Rechts befriedigt werden können und im Sinne des Gesetzes befriedigt werden sollen.

[7] Abw. *Deumer* a. a. O.

[8] *Oetker* I, S. 492.

der streitigen Forderung, d. i. die Feststellung ihrer Eigenschaft als Konkursforderung betreiben. Die Klage oder Aufnahme des Opponenten gemäß § 146, I, III ist durch Endurteil als unzulässig abzuweisen. Die Aufnahme des Opponenten zwingt insbesondere den Liquidanten nicht zur Einlassung.[9] Hat aber die Aufnahme durch den Opponenten die Fortsetzung des Verfahrens zur tatsächlichen Folge gehabt, so hat rechtlich der Liquidant den Rechtsstreit aufgenommen, allerdings ohne Wahrung der Form des § 250 ZPO.[10]

Um insbesondere unberechtigte Stimmabgabe des Liquidanten zu verhüten, ist nicht die Betreibung des Feststellungsstreites durch den Opponenten das geeignete Mittel; hierzu ist vielmehr erforderlich und genügend die Erwirkung eines Gerichtsbeschlusses über die Stimmberechtigung. (§ 95.)[11]

Der Widerspruch, auch der eines bevorrechtigten Gläubigers gegen nachstehende Forderungen,[12] auch der in einer Feststellung unter Vorbehalt liegende[13] gibt dem Anmelder Rechtsschutzbedürfnis und Klageveranlassung (ZPO § 93). Klageveranlassung schon deshalb, weil die Betreibung der Feststellung für den Anmelder weniger eine Befugnis als eine Last ist. Der Opponent riskiert durch seinen Widerspruch also die Prozeßkosten. Dies gilt auch für den Widerspruch des Konkursverwalters (KO § 59, Nr. 1). Bestreitet er die Forderung bis zum Nach-

---

[9] So die herrschende Lehre, vergl. noch Motive II, S. 49, 365, 366; Protokolle, S. 148; RG. v. 24. 6. 1886, Bd. 16, S. 360; RG. v. 27. 2. 1894, JW., S. 172f., Nr. 7; RG. v. 26. 6. 1903, JW., S. 315, Nr. 12; OLG. Dresden v. 30. 1. 1903; ZZP 32, S. 386ff.; OLG. Hamm v. 17. 12. 1906, *Seuffert*, A. 62, Nr. 101; abw. *Hellmann* a. a. O., S. 479; *Wolff*, Anm. 1, 5. Dies gilt auch von der Aufnahme durch den persönlich widersprechenden Gemeinschuldner, selbst wenn dieser vor Konkurseröffnung eine negative Feststellungsklage gegen den nachmaligen Anmelder erhoben hatte. RG. v. 6. 3. 1909, Bd. 70, S. 371; *Jaeger*, Anm. 13, § 144, Anm. 4 mit weiterer Lit.

[10] RG. v. 1. 10. 1896, JW., S. 602, Nr. 22.

[11] *Jaeger*, Anm. 13; *Jonas*, S. 70.

[12] *Jaeger*, § 141, Anm. 9; *Peters.-Kleinf.*, § 141, Anm. 6; *Fitting*, § 12, N. 10; *Oetker* I, S. 491; *Sarwey-Bossert*, § 144, Anm. 4. — Abw. *Seuffert* a. a. O., S. 263; *Kohler*, Lehrb., S. 560.

[13] *Kohler*, Archiv ziv. Prax., Bd. 81, S. 382; *Jaeger*, § 144, Anm. 1.

weise ihres Bestehens, d. h. bis er Erkundigungen über ihr Bestehen eingezogen hat, so tut er das eben auf die Gefahr eines Prozesses und seiner Kosten.[14] Bei verspäteter, genügende Information verhindernder Anmeldung hat der Verwalter vorsichtigerweise auf Kosten des Säumigen durch das Gericht einen besonderen Prüfungstermin bestimmen zu lassen (§ 142, I).[15] Die Zurücknahme des Widerspruchs seitens des Konkursverwalters nach der Klagezustellung bewirkt Antragsbeschränkung auf den Kostenpunkt des insoweit noch nicht erledigten, in der Hauptsache aber gegenstandslos gewordenen Prozesses. Die Klage war mit Grund erhoben; die Masse trägt die Kosten (KO § 59, Nr. 1; ZPO §§ 91, 99, III). Wird die Klage erst nach der Rücknahme des Widerspruchs erhoben, so trägt die Kosten der Kläger, nicht die Masse. Möglicherweise aber haftet der Konkursverwalter gemäß § 82 persönlich auf Schadensersatz.[16]

Ausnahmsweise kann der Konkursverwalter eine negative Feststellungsklage in bezug auf eine angemeldete und bestrittene untitulierte Forderung erheben, wenn er gemäß § 256 ZPO ein rechtliches Interesse an der alsbaldigen Feststellung hat. Zur Begründung dieses Feststellungsinteresses reicht aber eben die durch Anmeldung betätigte Forderungsberühmung des Dritten gegenüber dem Gemeinschuldner nicht aus.[17] In dem Falle, der der Reichsgerichtsentscheidung vom 22. 3. 1900[18] zugrunde liegt, ergibt sich das alsbaldige Feststellungsinteresse für den Konkursverwalter, dessen Zahlungsbegehren gegenüber der Dritte eine aufrechenbare Gegenforderung behauptet, aus der Notwendigkeit der Kenntnis des Massebestandes wegen baldigster Verteilung. Für den besonderen Fall des Genossenschaftskonkurses hat das hanseatische Oberlandesgericht[19] wegen der hier unumgänglichen Nachtragsverteilung dies Interesse aus-

---

[14] RG. v. 29. 9. 1906, LZ. 1907, S. 298, Nr. 7.

[15] *Jaeger*, Anm. 13.

[16] *Schulze-Jaeger*, LZ. 1912, S. 57ff.

[17] RG. v. 26. 6. 1903, JW., S. 315, Nr. 12; Karlsruhe v. 18. 10 1905, OLG. 11, S. 371.

[18] JW., S. 393, Nr. 13.

[19] V. 13. 10. 1902, OLG. 6, S. 239f.

drücklich verneint. Die negative Feststellungsklage des Verwalters über die bestrittene Forderung ist die Konkursfeststellungsklage. Es gilt also insbesondere der ausschließliche Gerichtsstand des § 146, II und die Rechtskrafterweiterung nach § 147.

Der beklagte Opponent kann im Gerichtsstande der schwebenden Feststellungsklage (§ 146, II) eine Widerklage erheben, etwa wegen des Vorrangs, den der Kläger dem beklagten Opponenten eingeräumt haben soll (§ 33 ZPO).[20] Aktivrechte der Masse aber kann auf dem Wege der Widerklage nur der Konkursverwalter geltend machen.[21]

Gegenstand der Widerklage kann auch die streitige Konkursforderung selbst sein. Eine Widerklage kann z. B. der angebliche Schuldner der Konkursmasse gegenüber der Klage des Konkursverwalters auf Zahlung erheben. Sie muß trotz Einigung der Parteien über ihre Zulässigkeit als unzulässig abgewiesen werden, wenn die den Gegenstand der Widerklage bildende Forderung noch nicht geprüft und bestritten ist.[22] Für diese Widerklage gilt der ausschließliche Gerichtsstand des § 146, II.

Hat der Liquidant gegen den Opponent Klage auf Feststellung erhoben, so kann der beklagte Opponent auf Feststellung seines Konkursgläubigerrechts Widerklage nur dann erheben, wenn Liquidant und Opponent der Feststellung ihrer Forderungen wechselseitig widersprochen haben.[23]

§ 12.

Die Aufnahme schwebender Rechtsstreitigkeiten.

War zur Zeit der Konkurseröffnung ein Rechtsstreit über die Forderung anhängig, so ist die Feststellung derselben durch Aufnahme des Rechtsstreits zu verfolgen (Abs. III).

Dies gilt bei Bestrittensein titulierter wie nicht titulierter

---

[20] RG. v. 18. 1. 1886, Bd. 16, S. 118.
[21] *Kohler*, Lehrb., S. 565.
[22] RG. v. 4. 6. 1902, JW., S. 397, Nr. 30; *Jaeger*, Anm. 18.
[23] Abw. *Petersen-Kleinfeller*, Anm. 23.

Forderungen, gilt ohne Rücksicht auf die Verteilung der Parteirollen, gilt auch dann, wenn nicht der Konkursverwalter, sondern ein am Verfahren beteiligter Konkursgläubiger widersprochen hat, mit der Aufnahme also ein Parteiwechsel stattfindet. Nach *Petersen-Kleinfeller*[1] entspricht dies an sich nicht der Stellung der widersprechenden Gläubiger, deren Widerspruch selbständig ist. Dabei ist aber verkannt, daß die Aufnahme durch die selbständige Parteistellung der Opponenten gerade ermöglicht wird, und daß „der Konkurs doch eben alle Rechtsverhältnisse des Kridars so ergreift, wie sie gerade zur Zeit der Eröffnung des Verfahrens sind.“[2] Abs. III ist kategorsich. Soweit Aufnahme möglich, ist Neuklage ausgeschlossen. Für die letztere fehlt das Rechtsschutzbedürfnis. Ihre Unzulässigkeit ist nicht etwa nur auf die Einrede der Rechtshängigkeit hin,[3] sondern in jedem Falle von Amtswegen zu berücksichtigen.[4]

Aufnahme ist nur möglich, wenn der Prozeßgegenstand der gleiche ist wie vor der Konkurseröffnung;[5] also nur, wenn Frage des Prozesses das Bestehen einer Forderung gegenüber dem bei Konkurseröffnung vorhandenen beschlagsfähigen Vermögen, der Konkursmasse ist.

Das ist aber der Fall, sowohl wenn die Forderung dem Grunde nach, als wenn ihre Anmeldbarkeit bestritten ist. Der Prozeßgegenstand ist hier nämlich beide Male der gleiche; nur hängt die Beschaffung des Prozeßstoffes ab von der Richtung, die der Widerspruch genommen hat. Verschiedenheit der Widersprüche wirkt noch nicht Verschiedenheit des Prozeßgegenstandes. Widerspruchsrichtung ist auch nicht Widerspruchsgrund, bestimmt aber die Widerspruchsgründe, die, soweit sie sich gegen Grund

---

[1] Anm. 15.

[2] So *Jonas*, S. 40.

[3] Von der Einrede der Rechtshängigkeit, die im Bereiche des Abs. III bloß ein Spezialfall des mangelnden Rechtsschutzinteresses ist, könnte bei einem Neuprozeß mit einem widersprechenden Gläubiger gar nicht die Rede sein. Abw. z. B. *Seuffert*, S. 271; *Jonas*, S. 45; *Gaupp Stein* a. a. O., § 247, II, 3. — *Oetker* I, S. 340, redet von Quasirechtshängigkeit (?).

[4] *Jaeger*, Anm. 19; OLG. Colmar v. 19. 5. 1909, LZ., S. 875f.

[5] Siehe oben, S. 35.

und Anmeldbarkeit der Forderung richten, Einwendungen gegen ihr Bestehen als Konkursforderungen sind.

Der Satz, daß ein schwebender Rechtsstreit aufzunehmen ist, auch wenn die Forderung mangels Anmeldbarkeit bestritten ist, hat zwei Voraussetzungen:

1. daß für die Forderung ein Titel noch nicht vorliegt;[6]

2. daß der schwebende Rechtsstreit durch die Konkurseröffnung unterbrochen wird.

Letzteres geschieht, wenn das Verfahren die Konkursmasse betrifft (ZPO § 240). Die Frage dieser passiven Beziehung zur Konkursmasse ist hypothetisch zu stellen. Ihre Entscheidung obliegt dem Prozeßgerichte. Die Frage ist zu verneinen, wenn als Rechtsgrund der Forderung eine Freigebigkeit des Gemeinschuldners behauptet wird. (§ 63, Z. 4). In diesem Falle wird der Gläubiger wohl überhaupt nicht anmelden. Anders ist es, wenn die Freigebigkeit des Gemeinschuldners durch Schuldversprechen, Schuldanerkenntnis, Wechsel usw. verdeckt ist. Ergibt sich hier in dem gegen den Opponenten aufgenommenen Rechtsstreite, daß die Forderung auf einer Freigebigkeit des Gemeinschuldners beruht, so ist der Rechtsstreit zur Endentscheidung reif. Es ergeht sachabweisendes Urteil, nicht etwa eine Entscheidung dahin, daß Unterbrechung nicht eingetreten sei, weil die Beziehung zur Konkursmasse fehle. Die Behauptung, daß die Unterbrechung mangels Anmeldbarkeit nicht eingetreten sei, ist insbesondere kein Berufungs- oder Revisionsgrund.

Ist neben der Forderung auch die Rechtsfolge der bevorrechtigten Befriedigung bestritten, so kann der Anmelder, nicht auch der Opponent, seinen Klagantrag entsprechend erweitern (ZPO § 268, Nr. 2).[7] Vorrechtsstreit ist neuer Rechtsstreit. Eben darum ist Prozeßaufnahme wegen der Frage des Vorrechts unmöglich, wenn lediglich dieses bestritten war,[8] oder wenn ein

---

[6] Siehe unten § 17.

[7] *Jaeger*, Anm. 19; *Peters.-Kleinf.*, Anm. 16; *v. Sarwey-Bossert*, Anm. 6; *Voigt*, S. 155; *v. Wilmowski-Kurlb.*, Anm. 11.

[8] Siehe oben, S. 35. Abw. *Jonas*, S. 57.

in der Revisionsinstanz schwebender Rechtsstreit aufgenommen wird. (ZPO § 561.)[9]

Aufzunehmen ist ein Rechtsstreit auch dann, wenn der in ihm geltend gemachte Anspruch zwecks seiner konkursmäßigen Feststellung gegenständlich verändert werden mußte. (KO §§ 26, 69 mit ZPO § 268, Nr. 3.)[10] War der Rechtsstreit zur Zeit der Unterbrechung schon in der Revisionsinstanz, so ist diese gegenständliche Veränderung des Klagebegehrens ausgeschlossen (ZPO § 561).[11]

Auch die Kosten sind Gegenstand des Rechtsstreits (ZPO § 308, II). Wenn das Verfahren in der Hauptsache erledigt ist, dann ist der Kostenpunkt zur Hauptsache geworden.[12] Das Gebot der Aufnahme des in der Hauptsache erledigten Prozesses gilt für die noch ausstehende Entscheidung über die Kostenlast selbst dann, wenn das Hauptverfahren, falls es noch schwebte, die Beziehung zur Masse würde vermissen lassen.[13] Der Anmelder nimmt das Verfahren nach Abs. III auf, obgleich das Urteil (jetzt auch im amtsgerichtlichen Verfahren) nur über die Verteilung der Kostenlast zu erkennen hat, also ein die Summe bestimmender und insoweit das Urteil ergänzender Festsetzungsbeschluß noch nachfolgt. (ZPO §§ 103—106.)[14]

Die Aufnahme erfolgt durch Zustellung eines Schriftsatzes,

---

[9] RG. v. 21. 1. 1909, Recht, Bd. 13, Nr. 883; *Oetker* I, S. 486; *v. Wilmowski-Kurlb.* a. a. O., *Jaeger* a. a. O.

[10] OLG. Breslau v. 18. 12. 1906, Recht 11, Nr. 80; RG. v. 30. 1. 1907, Bd. 65, S. 133.

[11] Abw. *Gaupp-Stein* a. a. O., § 240, II, 3. Wegen des Titels der nicht auf einen bestimmten Geldbetrag gerichteten Forderung siehe unten § 17.

[12] So z. B. *Gaupp-Stein* a. a. O., § 91, III. A. M. *Petersen-Kleinf.*, Anm. 21: „. . . die Kostenforderung bildet nicht den Gegenstand des bisher anhängigen Prozesses; über die Kostenforderung ist kein Rechtsstreit anhängig.“ Daher keine Aufnahme.

[13] Vergl. *Voigt*, S. 44.

[14] KG. v. 13. 7. 1907 OLG. 15 S. 249 f. Darum braucht für die Kostenansprüche, deren Höhe erst im Kostenfestsetzungsverfahren zu ermitteln ist, bei der Anmeldung zur Tabelle ein bestimmt fixierter Betrag nicht angegeben zu werden (vergl. *Jaeger*, § 139, Anm. 1b).

also ohne Ladung.[15] Durch einen Antrag gemäß § 239, II ZPO kann der einer untitulierten Forderung Widersprechende die Aufnahme nicht provozieren.[16] Wohl aber kann der Anmelder seinen Willen zur Aufnahme in der mündlichen Verhandlung dem Opponenten zum Ausdruck bringen.[17]

Im Verfahren vor dem Amtsgerichte wird die Erklärung der Aufnahme, deren Zustellung hier von Amtswegen geschieht, bei Gericht schriftlich eingereicht oder zum Protokoll des Gerichtsschreibers angebracht. Der Verhandlungstermin wird von Amtswegen bestimmt. (ZPO §§ 496, 497.)

Der über eine Forderung gegen den Gemeinschuldner anhängige Rechtsstreit kann zur Zeit der Konkurseröffnung schon in einer höheren Instanz schweben, ohne daß für die Forderung ein Titel vorliegt. So, wenn die Klage des Forderungsprätendenten bei Konkursbeginn abgewiesen oder der negativen Feststellungsklage des nachmaligen Gemeinschuldners stattgegeben oder endlich, wenn lediglich durch Prozeßurteil entschieden war. In allen diesen Fällen ist der mit Konkurseröffnung unterbrochene Rechtsstreit vom untitulierten Anmelder aufzunehmen. Unterbrechung und Aufnahme des Rechtsstreits zur Feststellung einer untitulierten Forderung ist auch noch möglich und

---

[15] Vergl. z. B. *Gaupp-Stein* a. a. O., § 240, II, 3; Einzelheiten bei *Voigt*, S. 89ff.

[16] *Peters.-Kleinf.*, Anm. 13; *Voigt*, S. 151. — Abw. *Endemann* a. a. O., S. 535, N. 22.

[17] RG. v. 17. 3. 1902, Bd. 51, S. 97. Entgegen der Entscheidung des Oberlandesgerichts Hamm v. 17. 12. 1906 *Seuffert*, A., Bd. 62, Nr. 101, kann aber dann, wenn unbefugterweise der Konkursverwalter aufgenommen hat, von einer Rüge wegen der mangelnden Schriftform und einem Verzicht auf diese Rüge keine Rede sein. Wer sollte denn rügen können? Der Liquidant kann doch nicht die Tatsache, daß er selbst noch keinen Schriftsatz zugestellt hat, rügen, wie OLG. Hamm will. Es handelt sich solchenfalls nicht um das Fehlen eines Schriftsatzes — der Verwalter hatte einen zugestellt —, sondern um das Fehlen des Rechtsschutzinteresses. Läßt sich der Liquidant auf den Schriftsatz des Verwalters ein, so kann das Verfahren rechtlich als vom Liquidanten aufgenommen gelten. Vergl. RG. v. 1. 10., JW , S 602, Nr. 22.

nötig nach Eintritt der Rechtskraft eines bedingten Urteils, das nicht Titel im Sinne des Abs. VI ist.[18]

Streitig ist die Wirkung der Prozeßführung zwischen Gemeinschuldner und Liquidant entgegen dem § 240 ZPO. *Kohler*[19] hält allgemein Prozeßhandlungen ebenso wie Akte des Gerichts während der Unterbrechung oder Aussetzung des Verfahrens, „weil ohne Prozeßverhältnis erfolgt", für nichtig, wie wenn sie vor einer Behörde ohne Gerichtsbarkeit vor sich gegangen wären.

Dem ist zu entgegnen: Unterbrechung des Verfahrens ist nicht Unterbrechung des Prozeßrechtsverhältnisses. Trotz der Unterbrechung gibt es Parteien. Bis zur Aufnahme des schwebenden Rechtsstreits ist jedenfalls der Gemeinschuldner Partei. Der Rechtsstreit muß deshalb in der Lage aufgenommen werden, in der er sich zur Zeit der Aufnahme, nicht zur Zeit der Unterbrechung befindet.[20] Dies gilt auch für die Aufnahme von oder gegenüber dem Konkursverwalter. Daraus ergibt sich, daß die trotz der Unterbrechung ergangenen, nicht nach § 249, III ZPO zulässigen Richterakte lediglich anfechtbar, nicht schlechthin nichtig sind.[21] Die Rechtshandlungen des Gemeinschuldners vor der Aufnahme, wenn auch nach der Unterbrechung, sind die einer Partei.[22] Seine während der Unterbrechung in Ansehung der Hauptsache vorgenommenen Prozeßhandlungen sind dem Liquidanten gegenüber ohne rechtliche Wirkung (§ 249, II ZPO). Dieser Rechtssatz gilt nicht bloß zugunsten des Liquidanten, sondern auch jedes Opponenten. Dient er doch vorzüglich dem Interesse des bis zum Zeitpunkte der Aufnahme am prozeßrechtlichen Handeln gehinderten Opponenten.[22] Enthalten die Prozeßhandlungen des Gemeinschuldners zugleich

---

[18] ZPO § 460. Dresden v. 7. 12. 1906, OLG. 15, S. 249; *Jaeger*, Anm. 19; *Voigt*, S. 11.

[19] *Kohler*, Zivilprozeß- und Konkursrecht, Enzyklopädie der Rechtswissenschaft *v. Holtzendorff-Kohler* II, 1904, S. 136f.

[20] Abw. *Oetker* I, S. 339.

[21] *Gaupp-Stein* a. a. O., § 240, IV, 2; *Hellwig*, System, S. 603; *Jaeger*, Anm. 22, § 12, Anm. 5; *Seuffert*, ZPO § 249, 2 d.

[22] Abw. *Voigt*, S. 81f.

eine Verfügung über das materielle Recht, wie Anerkenntnis und Prozeßvergleich, so sind sie den Konkursgläubigern gegenüber nach § 7 KO unwirksam.

Der aufzunehmende Rechtsstreit kann von vornherein einer Prozeßvoraussetzung ermangeln. Er kann also zur Konkursfeststellung untauglich sein. Für die „prozeßhindernden Einreden“ (§ 274 ZPO) gilt, daß Mängel, die zur Zeit der Aufnahme nicht mehr vorhanden, besonders nicht in der Person der neuen Partei begründet sind, auch nicht perpetuiert werden.[23] Für die verzichtbaren prozeßhindernden Einreden insbesondere gilt, daß ihr Vorbringen nach der Aufnahme ausgeschlossen ist, soweit der Beklagte zur Zeit der Unterbrechung mit ihnen ausgeschlossen war (§ 274, III).[24] Prozeßhindernde Einreden, die in der Person eines Opponenten neu entstehen, führen zur Abweisung der Klage, lassen aber nach Wegfall des Mangels Neuaufnahme des unterbrochenen Prozesses zu (*Jonas*, S. 58). Zu beachten ist aber hierbei § 263, Z. 2 ZPO, der die Zuständigkeit perpetuiert.

III.

§ 13.

Das Interesse an der Feststellung des Konkursgläubigerrechts in objektiver Hinsicht.

Die Klage, auch die aufgenommene, auch die Widerklage, kann zwecks Feststellung nur auf den Grund gestützt und nur auf den Betrag gerichtet werden, welcher in der Anmeldung oder dem Prüfungstermine angegeben ist (§§ 146, IV; 139, 1). Rechtsschutzinteresse gibt der Widerspruch. Zur Wahrung des Rechts-

[23] Abw. *Oetker* I, S. 340, wonach die prozeßhindernden Einreden, auch die verzichtbaren, deren der Kridar sich schon bedient hat, dem Opponenten zustatten kommen, auch wenn sie nicht in seiner Person begründet sind.

[24] Vergl. *Jonas*, S. 59f.

schutzinteresses hat das Gericht den Gläubigern als Ausweis über Anmeldung, Prüfung und Widerspruch, einen beglaubigten Tabellauszug zu erteilen (Abs. I, 2). Gläubiger in diesem Sinne ist, wem die Betreibung der Feststellung obliegt; bei titulierten Forderungen also der Widersprechende.[1] Zwar hat das Prozeßgericht das Rechtsschutzbedürfnis von Amtswegen zu prüfen, das Konkursgericht aber hat den Auszug — im Gegensatz zu § 229 preuß. KO — nicht von Amtswegen zu erteilen.[2] Die sächsische Geschäftsordnung für die Justizbehörden hat deshalb in § 1454 die Erteilung des Auszugs von Amtswegen besonders vorgeschrieben. Der Auszug ist vom Gerichtsschreiber zu unterschreiben.

Prüfung von Amts wegen ist nicht Beweiserhebung von Amtswegen, sondern lediglich Würdigung vorgebrachter und als zugestanden geltender Tatsachen (ZPO §§ 138, 288, 331) auf ihre Schlüssigkeit. Das Prozeßgericht kann somit im Gegensatz zu der ausdrücklichen Bestimmung des § 230 preuß. KO nicht die Vorlegung des Auszuges verlangen.[3]

§ 146, IV ist lediglich eine Folgerung des Satzes: Ohne Widerspruch kein Rechtsschutzinteresse. „Soll jedem Konkursgläubiger die entscheidende Mitwirkung bei der Feststellung der übrigen Konkursforderungen gesichert bleiben, so darf keine Konkursforderung zur Klage gestellt werden, welche nicht der vorschriftsmäßigen Prüfung unterworfen ist. Dies würde aber der Fall sein, nicht nur, wenn man in dem Spezialprozeß eine Erweiterung der Forderung nach ihrem Betrag oder Vorrecht, sondern auch dann, wenn man in demselben eine Änderung des das Wesen der Forderung bestimmenden Schuldgrundes zuließe."[4]

Die Klage auf Feststellung einer gar nicht angemeldeten oder schon nach § 145 festgestellten Forderung ist von Amts-

[1] *Vierhaus-Weizsäcker*, Formularbuch, S. 104; *Oetker* I, S. 304; *v. Wilmowski-Kurlb.*, Anm. 3; *Jaeger*, Anm. 20.

[2] *Fitting*, § 12, N. 45; *Jaeger*, Anm. 20; *Voigt*, S. 168. — Abw. *v. Wilmowski-Kurlb.* a. a. O.; *Hellmann*, S. 475; *Willenbücher*, Anm. 32.

[3] *Oetker* I, S. 334; *v. Wilmowski-Kurlb.* a. a. O.; *Voigt*, S. 153f.

[4] Motive II, S. 366.

wegen als unzulässig abzuweisen.[5] Ebenso ergeht Prozeßurteil, wenn die Forderung zwar angemeldet, aber weder im allgemeinen, noch in einem besonderen Prüfungstermine bestritten worden ist. Ist aber die Bestreitung zur Zeit der Schlußverhandlung nachgeholt, so wird in der Sache entschieden.[6] Die Feststellungsklage ist ferner als unzulässig abzuweisen, wenn sie entgegen dem Abs. IV auf einen andern als den in der Anmeldung angegebenen Rechtsgrund gestützt oder auf einen Mehrbetrag oder ein gar nicht angemeldetes oder doch nicht bestrittenes Vorrecht gerichtet ist. Hierüber ist im nächsten Paragraph zu handeln.

Das alles gilt für die Klage wie die Widerklage,[7] für die Neuklage wie die Aufnahme eines schwebenden Rechtsstreits.

Da nun ein solches Urteil, das mangels einer Prozeßvoraussetzung[8] ergeht,[9] sich über das Begründetsein des Widerspruchs auch nach *Stein*[10] nicht ausspricht, so steht es einer Neuklage bezw. Neuaufnahme nach schließlicher Prüfung und Bestreitung der Forderung nicht entgegen.[11]

---

[5] RG. v. 8. 5. 1890, *Bolze* 10, Nr. 879; v. 28. 11. 1893, *Seuffert* A. 49, Nr. 227; *Jaeger*, Anm. 21; *Jonas*, S. 24. — Abw. RG. v. 17. 5. 1898, JW., S. 417, Nr. 10.

[6] RG. v. 17. 5. 1898 a. a. O.

[7] Siehe oben, S. 44.

[8] *Peters.-Kleinf.*, Anm. 21, rechnen die Anmeldung und Prüfung zu den „Prozeßvoraussetzungen". RG. v. 21. 6. 1909, LZ. 1910, S. 408; v. 31. 1. 1911, LZ., S. 231, reden von der „Prozeßvoraussetzung" der Identität des geprüften und des in der Klage geltend gemachten Anspruchs. In Anmeldung, Prüfung und Identitätserfordernis äußert sich das Rechtsschutzinteresse als allgemeine Sachurteils-, d. i. Prozeßvoraussetzung. Vergl. oben, § 10.

[9] Nach *Hellmann*, Lehrb., S. 480, ergeht freilich Sachurteil, da Gegenstand des Prozesses der Anspruch auf Widerspruchsrücknahme ist.

[10] Voraussetzungen, S. 135.

[11] *Jaeger* a. a. O.

IV. Der Klagegrund insbesondere.

§ 14.

Der Klagegrund in objektiver Hinsicht.

Zur Bezeichnung der zur Tabelle angemeldeten Forderung nach ihrer Identität bedarf es der Angabe des Entstehungsgrundes. Seine Angabe individualisiert die Forderung.[1] Entstehungsgrund einer Verpflichtung ist aber „die Summe der Umstände und Vorgänge, die sie erzeugt haben."[2] Grund im Sinne des § 146, IV bedeutet, wie in § 139, den Grund des erhobenen Anspruchs (ZPO § 253, Z. 2). Daß es sich aber bei dieser Angabe des Grundes einer Konkursforderung lediglich um Angabe der nach materiellem Rechte wesentlichen Tatbestandsmerkmale, nicht um ausführliche Geschichtserzählung handeln kann, ergibt schon die Einrichtung der Tabelle, womit eine ins einzelne gehende Tatsachenanführung praktisch unvereinbar ist.[3] Ein Beitrag zur Streitfrage: Individualisierungs- oder Substanziierungstheorie ist mit diesen Ausführungen nicht beabsichtigt. Abgesehen davon, daß die Kontroverse ihre Hauptbedeutung im Gebiete der absoluten Rechte hat, ist im Bereiche des § 146, IV die Lehre vom Klagegrund und der Klagänderung nur unter dem Gesichtspunkte des Rechtsschutzinteresses und seiner Abgrenzung zu betrachten. Sie ist Teil der Lehre vom Rechtsschutzinteresse. Denn durch § 146 ist nicht etwa die Klagänderung, besonders auf Einwilligung des Beklagten, ausgeschlossen. Nur muß, damit über die abgeänderte Klage sachlich entschieden werden kann, zur Zeit der Urteilsreife der abgeänderte Anspruch angemeldet, geprüft und bestritten sein (§ 142, I, III). Ebensowenig ist im Falle der Aufnahme eines schwebenden Rechts-

---

[1] *Weismann*, Lehrb. des Zivilprozeßrechts I, S. 63; *R. Schmidt*, Lehrb.², S. 392; *Jaeger*, § 139, Anm. 1.

[2] *Hellwig*, System, S. 310.

[3] So schon *Planck*, Lehrb. des deutschen Zivilprozeßrechts II, S. 38, N. 81; *Struckmann-Koch* a. a. O. I, S. 300; *Jaeger* a. a. O. u. § 146, Anm. 21.

streits die Anspruchsänderung, die nicht Klagänderung ist (ZPO § 268, Z. 3), ausgeschlossen. Die Entscheidung des Reichsgerichts vom 20. 10. 1906[4] ist fälschlich so verstanden worden.[5] Der Rechtsstreit über eine, nach ihrer durch den Konkurs nötig gewordenen Umwandlung bestrittene Forderung ist notwendigerweise durch Aufnahme zu betreiben.[6] Voraussetzung ist aber eben das Bestrittensein der umgewandelten Forderung. Entsprechend gilt § 268, Z. 2 ZPO, wenn neben der im Prozesse befangenen Forderung das Vorrecht bestritten ist.

Unter dem Gesichtspunkte des Rechtsschutzinteresses ergibt die Auslegung des Abs. IV folgendes: Wird statt des ursprünglich im Feststellungsprozesse geforderten Gegenstandes wegen einer später eingetretenen Veränderung ein anderer Gegenstand, insbesondere das Interesse verlangt, so ist dies nicht zulässige Anspruchsänderung, sondern wirkt den Verlust des Rechtsschutzinteresses. Der Übergang z. B. von einer Kaufpreis, Gehalts- oder Mietzinsforderung zu einer, wenn auch auf demselben Rechtsverhältnisse beruhenden Schadensersatzforderung führt zur Abweisung der Klage als unzulässig.[7]

Gleiches gilt bei einer Änderung des Rechtsgrundes nach der Klagerhebung oder Aufnahme des Rechtsstreites.[8] Wird daher, statt der angemeldeten Forderung aus einem Gesellschaftsvertrage eine Darlehnsforderung, oder statt einer Warenforderung ein Anspruch aus einem Saldoanerkenntnis eingeklagt, so kann die Einwilligung der Gegenpartei in diese Änderung keine Rolle spielen. Die Klage ist unzulässig.[9] Deshalb darf auch das Gericht nicht von der ihm nach ZPO § 264 erteilten Er-

---

[4] Bd. 64, S. 204ff.

[5] Richtig *Jaeger*, Anm. 21.

[6] Siehe oben, § 12.

[7] RG. v. 30. 1. 1907 a. a. O.; Karlsruhe v. 3. 6. 1905, OLG. 11, S. 363; OLG. Königsberg v. 4. 7. 1908, LZ. 1909, S. 164.

[8] *v. Wilmowski-Kurlb.*, Anm. 4.

[9] KG. v. 1. 10. 1908, OLG. 19, S. 227; v. 21. 6. 1909, OLG. 21, S. 178. Unzulässig ist auch der Übergang von der angemeldeten Wechselforderung zum Wechselbereicherungsanspruch (WO. Art. 83). Beide sind so sehr verschiedene Ansprüche, daß sie sich gegenseitig ausschließen (*Peters.-Kleinf.*, Anm. 22. — Abw. *Kohler*, Archiv ziv. Pr., 81, S. 405.

mächtigung Gebrauch machen.[10] Bei einer Diskrepanz zwischen Anmeldung und Tabelle, bezw. zwischen Tabelle und Klagegrund gibt der in der ursprünglichen oder ergänzten Anmeldung angegebene Grund den Ausschlag.[11]

Die unwesentlichen tatsächlichen und rechtlichen Anführungen können ergänzt und berichtigt werden: eben weil dabei der Grund des Anspruchs derselbe bleibt.[12] Dementsprechend soll nun nach § 270 ZPO eine unanfechtbare Entscheidung als Zwischenurteil oder im Endurteile ergehen können, daß eine nach Abs. IV unzulässige Änderung nicht vorliege.[13] Indessen ist § 270 ZPO hier weder direkt noch analog[14] anwendbar. Es handelt sich solchenfalls eben nicht um die Frage der Klagänderung, sondern um das Vorliegen des Rechtsschutzinteresses als der Voraussetzung der Sachentscheidung. Ein Verstoß gegen Abs. IV heilt aber mit Eintritt der Rechtskraft. Das entgegen dem Abs. IV ergangene Sachurteil wirkt deshalb, wenn es unanfechtbar geworden ist, gemäß § 147 erweiterte Rechtskraft.[15]

Zulässig ist die Ergänzung und Berichtigung der Klage gemäß § 268, Z. 1 ZPO, wenn eine ungenaue oder unrichtige rechtliche Subsumtion gleichwohl den wahren Schuldgrund erkennen läßt. So wenn das Entgelt für die Überlassung eines Geschäfts im Wege der Erbauseinandersetzung als Kaufgeld angemeldet wurde.[16] Ferner kann der Schaden statt abstrakt nachträglich auch konkret berechnet, eine wegen § 65 KO unerhebliche Fälligkeitsbehauptung nachträglich beigebracht werden.[17]

---

[10] *Peters.-Kleinf.*, Anm. 21.

[11] KG. v. 21. 6. 1909 a. a. O.

[12] RG. v. 23. 12. 1899, *Seuff.* Bl. 65, S. 456ff.

[13] RG. v. 3. 1. 1911, LZ., S. 231; v. 10. 2. 1911, LZ. 1912, S. 236.

[14] So *Jaeger* a. a. O.

[15] Abw. *Wolff*, Anm. 2.

[16] RG. v. 17. 2. 1908, LZ., S. 391; *Jaeger* a. a. O.

[17] OLG. Braunschweig v. 14. 4. 1908, LZ. 1909, S. 84; OLG. Königsberg v. 28. 10. 1908, LZ. 1909, S. 569f.

§ 15.

Der Klagegrund in subjektiver Hinsicht.

Die persönliche Rechtszuständigkeit gehört zum Anspruchsgrunde, ist die subjektive Seite des Klagegrundes.[1] Auch die Lehre von der Sachlegitimation im Sinne der persönlichen Rechtszuständigkeit interessiert hier nur als Teil der Lehre vom Rechtsschutzinteresse.

Was ist die Folge, wenn der Anmelder nach Anmeldung und Zulassung seine Forderung verliert? Die Frage beantwortet sich verschieden, je nachdem der Rechtsverlust vor oder nach dem Prozeßbeginn, bezw. der Prozeßaufnahme eintritt. Die Frage beschränkt sich auf die Einzelnachfolge und hier praktisch auf die Abtretung der Forderung, während Überweisung einer gepfändeten Konkursforderung an Zahlungsstatt nicht vorkommt. Durch Pfändung bezw. Verpfändung der angemeldeten Forderung verliert der Anmelder überhaupt nicht die Sachlegitimation im Sinne der persönlichen Rechtszuständigkeit. So ist es ohne weiteres klar, daß er auch noch nach Fälligkeit der pfandgesicherten bezw. noch nach Überweisung der gepfändeten Forderung zur Einziehung die Konkursfeststellungsklage — eben weil sie Feststellungsklage ist — erheben oder einen schwebenden Prozeß aufnehmen kann.[2]

Der in die Tabelle eingetragene Anmelder bleibt trotz der Abtretung seiner Forderung, also trotz des Verlustes der persönlichen Rechtszuständigkeit, rechte Partei; mag er die Kläger- oder die Beklagtenrolle einnehmen. Nicht kann ihm der Opponent einwenden, daß er mangels Sachlegitimation mit seinem Anspruch abzuweisen sei. Das Interesse des Opponenten wird im Falle seines Sieges über den Anmelder voll und ganz gewahrt: durch die Berichtigung der Tabelle gemäß Abs. VII wird der Opponent auch gegenüber dem Nachmann des Anmelders gesichert. Nicht kann andrerseits der Anmelder dem betreibenden Opponenten einwenden, daß er nicht der rechte Beklagte sei.

---

[1] *Planck*, Lehrb. I, S. 215.

[2] Vergl. z. B. *Gaupp-Stein* a. a. O., § 835, IV, 2.

Für einen schikanösen Liquidanten wäre dieser Einwand das geeignetste Mittel, die Widerspruchsverfolgung des Opponenten zu erschweren oder überhaupt illusorisch zu machen. Zudem hätte solchenfalls die nach Abs. I, 2 vorgeschriebene Erteilung eines Tabellauszugs überhaupt keinen Sinn. Für den Liquidationsstreit ist durch die Anmeldung der Rechtsgrund der Forderung fixiert worden. Damit ist auch in bezug auf die Frage der Rechtszuständigkeit der Zeitpunkt der Anmeldung für maßgeblich erklärt.[3] Nun kann aber bei einer abtretbaren Forderung die Person des Gläubigers auf den Rechtsgrund der Verpflichtung keinen Einfluß üben (BGB § 399). Im Gegenteil bleibt die Forderung dieselbe trotz der Abtretung (BGB § 398). Die Identität bestimmt sich nicht durch die Persönlichkeit des Gläubigers. Deshalb ist auf den Gläubigerwechsel nicht Abs. IV in dem Sinne anzuwenden, daß der Erwerber der streitigen Forderung nur durch Neuanmeldung und Prüfung die Legitimation für den Feststellungsstreit erwerben könnte. Der Erwerber der streitigen Forderung wird vielmehr dadurch zur Sache legitimiert, daß er vor Erhebung des Feststellungsstreits dem Konkursgerichte seine Rechtsnachfolge nachweist und daraufhin als Rechtsnachfolger in die Tabelle eingetragen wird.[4] Für eine

---

[3] RG. v. 14. 11. 1893, JW. 1894, S. 16, Nr. 35 mit Bezugnahme auf Motive II, S. 364; v. 19. 9. 1911, LZ., S. 862f.; *Peters.-Kleinf.*, Anm. 21; *Jaeger*, Anm. 21. — Grundsätzlich abw. *Oetker* I, 543ff. Entsprechendes gilt für den Opponenten. Seine Parteistellung beruht auf der Tatsache des Widerspruchs, nicht auf einem vom Bestehen der Forderung abhängigen Widerspruchsrechte. Nur ist ein Widerspruch ohne Bestehen der Opponentenforderung jedenfalls unbegründet (*Seuffert* a. a. O., S. 262f.; *v. Wilmowski-Kurlb.*, § 144, Anm. 1 mit § 141, Anm. 6; *Jaeger*, § 141, Anm. 8). Das vom Bestehen der Forderung abhängende Widerspruchs**recht** ist nur Voraussetzung des Obsiegs des Opponenten. Hat daher der Opponent seine Forderung abgetreten, so kann er dies dem Liquidanten nicht entgegenhalten. Dies ergibt auch Abs. I, 1: die Feststellung der Forderung ist gegen den Bestreitenden zu betreiben (vergl. auch *Jaeger* a. a. O.). Ebensowenig kann der titulierte Liquidant dem betreibenden Opponenten zwecks Sachabweisung einwenden, daß er nach Abtretung seiner Forderung nicht mehr widerspruchsberechtigt sei.

[4] RG. v. 19. 9. 1911 a. a. O.; *Jaeger* a. a. O.

unter Verlust der Rechtspersönlichkeit des Anmelders stattfindende Gesamtnachfolge (z. B. BGB §§ 46, 88, 1922; HGB §§ 304, 306) ist dies eben wegen Wegfalls des Anmelders das einzig Mögliche. Der Universalsukzessor rückt in die Position des Anmelders von Rechtswegen ein. Eine Neuanmeldung hätte hier überhaupt keinen Sinn.

Wird die streitig gebliebene Forderung erst nach Erhebung der Feststellungsklage abgetreten, so findet § 265 ZPO Anwendung.[5] Eine Änderung der Urteilsbitte wäre nur dann möglich, wenn die Rechtsnachfolge in der Tabelle vermerkt und der Rechtsnachfolger mit Zustimmung des jeweiligen Opponenten als Hauptpartei in den Prozeß eingetreten wäre.

Gleicherweise gilt § 265 ZPO, wenn zur Zeit der Konkurseröffnung ein Rechtsstreit über die Forderung für den Anmelder anhängig war, dieser aber die Forderung, sei es auch vor Aufnahme des unterbrochenen Rechtsstreits abgetreten hat. Fraglich ist nur, ob und wie sich die Anwendung des § 265, II ZPO rechtfertigen läßt, wenn der Rechtsvorgänger, sei es vor oder nach Konkursbeginn, aber vor der Anmeldung die in Streit befangene Forderung abgetreten hat und diese Forderung im Prüfungstermine bestritten wird. Mit *Voß*, der die Frage ausführlich behandelt hat, ist davon auszugehen, daß der Rechtsnachfolger, nicht der Rechtsvorgänger, der richtige Anmelder ist.[6] Die Aufnahme des unterbrochenen Rechtsstreits von oder gegenüber dem Rechtsvorgänger des Liquidanten ist nur denkbar, wenn sie zwecks konkursmäßiger Feststellung, also zwecks Feststellung der bestrittenen Forderung erfolgt. Bestritten aber ist die Forderung des Anmelders; und sie ist als die seinige bestritten. Die Abtretung kann also nur dann keinen Einfluß auf den Rechtsstreit haben, wenn man richtigerweise annimmt, daß über das Recht des Rechtsnachfolgers gestritten wird; sonst würde dem betreibenden Rechtsvorgänger das Rechtsschutzinteresse an der Feststellung fehlen.

---

[5] *Oetker* I, S. 553; *Jaeger* a. a. O.; *Voß*, LZ. 1908, S. 743ff. — Abw. *Jonas*, S. 37, weil es keine Abtretung der den Prozeßgegenstand bildenden Konkursteilnahmeberechtigung gebe.

[6] A. a. O., S. 840ff., 845.

Voß dagegen will unter Fortbildung der Rechtsprechung des Reichsgerichts den Rechtsstreit auf denjenigen Sachbestand beschränken, der zur Zeit der freiwilligen oder durch die Einrede der Rechtsnachfolge hervorgerufenen Abänderung des Klagantrags vorliegt;[7] woraus sich der von Parteiwegen zu veranlassende Ausschluß aller Einwendungen des Schuldners gegen den Rechtsnachfolger ergibt. Diese stehen außer Beziehung zu dem Rechte, über das gestritten wird. Dies ist das Recht des bisherigen Gläubigers. Der Effekt ist Erlaß eines Vorbehaltsurteils unter Hinausweisung dieser Einwendungen gegen den Rechtsnachfolger, soweit es auf sie noch ankommt. Auf sie kommt es aber immer an, wenn ein die Forderung zuerkennendes Urteil ergeht. War aber z. B. zur Zeit der Konkurseröffnung eine Entscheidung zugunsten der Einwendungen gegen den Rechtsnachfolger, also eine in den Bestand der Forderung verneinende Entscheidung ergangen, dann soll es Aufgabe des Rechtsvorgängers sein, das Verfahren zu dem Zwecke aufzunehmen, daß nach Hinausweisung jener Einwendungen aus der Sachentscheidung für den (untitulierten) Liquidanten die Möglichkeit einer besonderen, diese Einwendungen negierenden Feststellungsklage eröffnet wird.[8] Erst diese letztere Klage leitet, eben weil ihr Gegenstand der Anspruch des Liquidanten ist, den Konkursfeststellungsstreit ein, auf den allein es noch ankommt. Die aus seiner Konstruktion folgenden Verzögerungen sieht auch *Voß* ein, weiß aber als einzigen Ausweg nur die Zustimmung der Gegenpartei zum Eintritt des Rechtsnachfolgers in den Prozeß.[9] Praktisch wird wohl diese Zustimmung immer erteilt werden.

---

[7] A. a. O., S. 842ff.

[8] A. a. O., S. 845.

[9] A. a. O., S. 846f.

Kapitel V.

Die Verfolgung des Widerspruchs.

§ 16.

Die vorliegenden Titel.

Der Titel gilt und mit ihm die Forderung, für die er vorliegt. Nicht hat daher der Anmelder die Feststellung der titulierten Forderung zu betreiben, sondern der Widersprechende hat die Last der Widerspruchsverfolgung: die auf die titulierte Forderung entfallenden Anteile werden zunächst trotz des Widerspruchs ausbezahlt, erst bei Verfolgung des Widerspruchs zurückbehalten (§ 168, Nr. 1).

Drei Arten von Titeln haben diese Wirkung:

1. Mit der Vollstreckungsklausel versehene Schuldtitel gegen den Gemeinschuldner (ZPO §§ 724ff.; vergl. auch §§ 708f.). Der Schuldtitel ist nicht notwendig Urteilsakt (ZPO § 794, Z. 1—3); überhaupt nicht notwendig Akt der streitigen Gerichtsbarkeit (ZPO § 794, Z. 5). Er braucht nicht einmal Akt der Gerichtsbarkeit, kann auch ein solcher der Verwaltung sein (vergl. ZPO § 801 und unten § 26). Die Vollstreckungsklausel kann noch nach der Konkurseröffnung erteilt werden. Ihre Erteilung ist weder eine Rechtshandlung mit dem Gemeinschuldner (§ 7), noch ein Akt der Zwangsvollstreckung (§ 14).[1]
2. Der Vollstreckungsbefehl (ZPO §§ 699, 700; 794, Z. 4). Er braucht, abgesehen vom Falle der Rechtsnachfolge (ZPO § 796, I) keine Vollstreckungsklausel, was seine besondere Erwähnung neben den mit der Vollstreckungsklausel versehenen Schuldtiteln ergibt.[2]

---

[1] *Falkmann*, Zwangsvollstreckung², S. 481; abw. *Seuffert*, Konkurspr., § 44, N. 12; *v. Wilmowski-Kurlb.*, Anm. 16; *Willenbücher*, Anm. 26.

[2] *Oetker* I, S. 301; *Sarwey-Bossert*, Anm. 9; *Jaeger*, Anm. 22.

3. Endurteile (ZPO §§ 300 f.). Das sind solche Urteile, die nicht mit einer Vollstreckungsklausel versehen sind, mag nun ihre Vollstreckbarkeit zulässig oder unzulässig sein. „Potentielle Vollstreckbarkeit“[3] ist nicht zu fordern. Für den Konkurs kommt es nicht sowohl auf die Vollstreckbarkeit als auf die Rechtsbeständigkeit einer Forderung an. Und eine Forderung, für die ein, wenn auch nicht vollstreckbares Endurteil vorliegt, hat den Schein ihres Rechtsbestandes mindestens in dem Maße für sich, wie jeder mit der Vollstreckungsklausel versehene Schuldtitel. Die Funktion der Vollstreckungsklausel im Bereiche des Abs. VI ist nicht eine zur Vollstreckung ermächtigende, sondern lediglich eine garantierende, wie sie gerade im Feststellungsurteil zum Ausdrucke kommt.[4]

Endurteil ist auch das nicht für vorläufig vollstreckbar erklärte Versäumnisurteil, selbst wenn zur Zeit der Konkurseröffnung Einspruch schon eingelegt war. Das Versäumnisurteil wird nicht durch den Einspruch (ZPO § 342), sondern erst durch ein „neues Urteil“ beseitigt (ZPO §§ 343, 719, 717).[5] Zu den Titeln gehören auch Vorbehaltsurteile (ZPO §§ 302, 540, 599).[6] Sie stellen den Anspruch — wenn auch nur provisorisch — fest und sind in betreff der Rechtsmittel als Endurteile anzusehen.[7] Gerade weil sie den Anspruch nicht feststellen, sind bedingte Eidesurteile (ZPO §§ 460; 477, III) nicht Titel im Sinne des Abs. VI.[8] Das gleiche gilt für Zwischenurteile; insbesondere stellt das über den Grund vorabentscheidende Zwischen-

---

[3] *Oetker* I, S. 301.

[4] *Jaeger*, Anm. 22; *Hellmann* a. a. O., S. 484. Abw. wieder *Jonas*, S. 73.

[5] RG. v. 22. 2. 1902, Bd. 50, S. 415; *Oetker* I, S. 350; *Peters.-Kleinf.*, Anm. 24; *Jaeger*, Anm. 22; *v. Wilmowski-Kurlb.*, Anm. 16.

[6] Für das im Urkunden- und Wechselprozeß ergehende Vorbehaltsurteil: *Stein*, Urk.- u. Wechselprozeß. S. 357; *Kohler*, Prozeßrechtliche Forschungen, S. 117, Anm. 3.

[7] *Jaeger*, Anm. 22.

[8] RG. v. 24. 6. 1886, Bd. 16, S. 361; v. 24. 3. 1908, LZ., S. 540 f.; Dresden v. 7. 12. 1906, OLG. 15, S. 248.

urteil das Bestehen einer Forderung in Höhe des angemeldeten Betrags nicht fest.[9]

Rechtskraft braucht das inländische Urteil nicht erlangt zu haben. Das ausländische Urteil hingegen ist Titel nach Abs. VI nur, wenn es zur Zeit der Konkurseröffnung rechtskräftig[10] den angemeldeten Anspruch zuerkennt. Der Erlaß eines Vollstreckungsurteils ist aber nicht erforderlich.[11]

Einen Titel bildet auch der Schiedsspruch. Er wirkt Rechtskraft unter den Parteien und dies ohne Vollstreckungsurteil (§ 1040 ZPO).[12]

Die Zustellung des Urteils spielt für die Anwendbarkeit des Abs. VI keine Rolle.[13]

Die Verkündung des Urteils kann im Falle des § 249, III ZPO noch nach der Konkurseröffnung mit Wirksamkeit gegenüber den Konkursgläubigern erfolgen.[14] Solchenfalls ist sie, z. B. wegen der Gerichtsferien, noch nach dem Prüfungstermine möglich.[15]

Schon daraus ergibt sich die Unhaltbarkeit der Ansicht, titulierte Forderungen seien solche, für die vor der Konkurseröffnung ein Titel vorliege.[16] Wer zugibt, daß der Konkursverwalter vor der wirksamen Aufnahme auf den schwebenden Rechtsstreit keinen Einfluß hat, daß der Gemeinschuldner bis zur Aufnahme von oder gegenüber einem widersprechenden Gläubiger Partei bleibt, der muß das Urteil oder den Vollstreckungsbefehl, die in Unkenntnis der Unterbrechung gegen den Gemeinschuldner ergangen sind, als Titel im Sinne des Abs. VI gelten lassen. Stets muß sich der Rechtsstreit in der

---

[9] *Oetker* I, S. 308; *Jaeger* a. a. O.; *Jonas*, S. 73 mit Lit.

[10] Die Rechtskraft ist die Voraussetzung der Anerkennung jedes ausländischen Urteils gemäß ZPO § 328 (*Stein*, ZZP. 24, S. 228).

[11] Abw. *Peters.-Kleinf.*, Anm. 26; *v. Sarwey-Bossert*, Anm. 9; für das frühere Recht *Borchardt*, Gruchots Beitr. 33, S. 625ff.

[12] *Jaeger*, Anm. 22; abw. *Oetker* I, S. 300; *Jonas*, S. 72.

[13] *Jaeger* a. a. O.; *Jonas*, S. 73.

[14] *Jaeger* a. a. O.; ihm folgend Braunschweig v. 28. 2. 1911, OLG. 23, S. 307f.; *Jonas*, S. 65.

[15] DJZ. 17, S. 352.

[16] Z. B. *Peters.-Kleinf.*, Anm. 24; *v. Sarwey-Bossert* a. a. O.

Lage aufbauen, in der er zur Zeit der Aufnahme schwebt. Das ist die Konsequenz der nach Abs. III statuierten Einheit des Prozeßrechtsverhältnisses. Das Urteil ist vielleicht anfechtbar,[17] nicht aber schlechthin nichtig.[18]

Dies anerkannt, ist die Frage, was Vorliegen des Titels bedeutet, eigentlich schon gelöst. Vorliegen des Titels ist dessen Vorhandensein.[19] Nach *Oetker*[20] wird über die Existenz eines Titels durch „Zulassungsdekret" im Prüfungsverfahren bindend entschieden. Aber weder das Gesetz noch die Geschäftsordnungen bestimmen für die Tabelle eine Scheidung in titulierte und nicht titulierte Forderungen. Der dem Konkursgerichte vorgelegte Titel wird in Preußen und Sachsen in Spalte 7 des Tabellenformulars („Rechtsgrund und urkundliche Beweisstücke"), der in Bayern Spalte 6 entspricht, eingetragen. Der Titel ist urkundliches Beweisstück (§ 139). *Oetker* a. a. O. will durch die bindende Zulassungsentscheidung jedem Zweifel über die Initiative im Liquidationsprozesse vorbeugen, verkennt aber, daß es eine das Prozeßgericht bindende Entscheidung des Konkursgerichts über das Feststellungsinteresse nach § 146 nicht geben kann.[21] Nach *v. Wilmowski-Kurlb.*[22] ist der Titel als solcher Gegenstand der Prüfung, auch einer nachträglichen, und der Bestreitung. Trotz des Titels bleibt aber der Rechts-

[17] Nicht mit Rechtsmitteln anfechtbar ist ein Urteil letzter Instanz. Der Gläubigeropponent, dem die Rechtsbehelfe des Schuldners zustehen (unten § 17), hat hiergegen nur die Nichtigkeitsklage (ZPO § 579, Nr. 4). Aber nicht, weil er selbst, sondern weil der Gemeinschuldner, der doch Partei war, nicht nach Vorschrift der Gesetze, also durch den Konkursverwalter (§ 6 KO), in dem die Konkursmasse betreffenden Verfahren vertreten war. Daß von Rechtswegen der nichtwidersprechende Verwalter Sachentscheidung nicht verlangen könnte, ändert an der Konstruktion nichts.

[18] *Jaeger* a. a. O.; vergl. auch *Voigt*, S. 81; abw. z. B. *Seuffert*, ZPO § 249, 2 d; *Kohler*, Enzyklopädie II, S. 136f.; widerspruchsvoll *Jonas*, S. 65, 72.

[19] *Voigt*, S. 169, N. 1. *Jaeger*, Anm. 2; *Hellmann*, S. 484.

[20] I, S. 294f.; ZZP. 25, S. 55ff.

[21] Abw. auch *Jonas*, S. 76.

[22] Anm. 15.

grund der Forderung derselbe.[23] — Geprüft und bestritten werden könnte der Titel nur, wenn er ein neuer Rechtsgrund, die titulierte Forderung somit eine andere wäre. — Der Titel ist auch keine besondere Eigenschaft der Forderung. Die Forderung wird, ob tituliert oder nicht, aus der Konkursmasse gleichermaßen befriedigt. Das Konkursgericht kann deshalb[24] dem Anmelder, der seinen Titel vorlegt, eine privilegierte Stellung nicht „einräumen". Nach Feststellung der Forderung kommt es auf den Titel überhaupt nicht mehr an. Das ist eine Beseitigung des Titels von Rechtswegen (§ 144). Bei Abweichung der tabellarischen Feststellung vom alten Titel gilt die allen Konkursgläubigern gegenüber Rechtskraft wirkende Eintragung in die Tabelle (§ 145, II).[25]

Wenn der Liquidant trotz der Bestreitung Auszahlung seiner Anteile verlangt, weil er einen Titel habe, so hat er diesen dem Konkursverwalter, nicht dem Gerichtsschreiber, der nach geltendem Rechte nicht zur Mitteilung an den Verwalter vom Eingange des Titels verpflichtet ist, vorzulegen.[26] Diese an Förmlichkeiten nicht gebundene Prozeßhandlung braucht aber nicht vor Niederlegung des Verteilungsverzeichnisses (§ 151) als einer Ausschlußfrist für das Vorlegen des Titels zu erfolgen. Diese von *Voß* a. a. O. vorgeschlagene Fristsetzung hat im Gesetz keine Stütze.[27] Vielmehr kann noch durch fristgemäße Einwendung gegen das Verteilungsverzeichnis (§§ 158; 162) der Titel zur Anerkennung und damit Abs. VI zur Anwendung kommen.[28]

---

[23] So in bezug auf den Arrestbefehl RG. v. 23. 4. 1903, Bd. 54, S. 314.

[24] Gegen *Jonas*, S. 75.

[25] *Falkmann* a. a. O., S. 12f.

[26] *Voß*, LZ. 1909, S. 458ff.

[27] Näheres *Jaeger* a. a. O.

[28] AG. Chemnitz v. 7. 10. 1901. ZZP. 31, S. 124ff.; *Jaeger* a. a. O.; *Jonas*, S. 75f. — Abw. auch *v. Wilmowski-Kurlb.* a. a. O.

§ 17.

Die Wirkungsweite des Titels.

Der Titel deckt nicht ein prozessuales Konkursteilnahmerecht, sondern den materiellen Anspruch. Nur soweit der Titel wirkt, geht der Widerspruch gegen eine titulierte Forderung. Nur dann hat der Widersprechende die Betreibungslast, die sich somit nicht aus dem Titel allein, sondern aus seiner Vergleichung mit dem Widerspruch ergibt. Deshalb muß die Richtung des Widerspruchs, die nicht Grund desselben ist, als Prüfungsergebnis in die Tabelle eingetragen und in den Tabellauszug aufgenommen werden. Gerade letzterer dient dem Prozeßgericht zur Beurteilung des Rechtsschutzinteresses. Richtung des Widerspruchs ist nicht Substanziierung der Klage,[1] sondern Begrenzung des Rechtsschutzinteresses (§ 144, II). Der Widerspruch kann sich aber richten gegen Bestand, Vorrecht oder Anmeldbarkeit der Forderung, und zwar der ganzen Forderung oder eines Teilbetrags (sogen. Betragsbestreitung).[2] Allerdings ist Ver-

---

[1] *Oetker* I, S. 328, 354.

[2] Daß das Ergebnis der Bestreitung der Forderung in bezug auf Bestand, Betrag und Vorrecht als Prüfungsergebnis in die Tabelle einzutragen ist, sagt schon *Hullmann* a. a. O., S. 275. Nach *Petersen-Kleinfeller* muß besonders eingetragen werden, daß die Forderung mangels Sachlegitimation des Liquidanten bestritten ist (vergl. §§ 141—143, Anm. 14). Bestreiten der Sachlegitimation ist aber Bestandsbestreitung. Daß der Widerspruch als gegen die Anmeldbarkeit gerichtet in die Tabelle einzutragen ist, hat *Jaeger* (§ 141, Anm. 9, § 145, Anm. 1) zuerst erkannt. *v. Sarwey-Bossert*, Anm. 7, und *Jonas*, S. 30, 78, verneinen einen derartigen Eintrag, weil dies lediglich eine Begründung des Widerspruchs sei. *Oetker*, der Grund und Richtung des Widerspruchs nicht unterscheiden will, leugnet überhaupt, daß die Richtung des Widerspruchs, mag dieser gegen Bestand, Betrag oder Anmeldbarkeit gehen, in die Tabelle eingetragen werde, baut aber seine Lehre von der Streitgenossenschaft (I, S. 328ff.) gerade auf dieser Begrenzung der Widersprüche auf. Zudem verlangt seine auf Repression des Widerspruchs gerichtete Klage, die nur, soweit als zu diesem Zweck erforderlich, den gegen den Gemeinschuldner gerichteten Anspruch in iudicium deduziert, eigentlich von selbst den tabellarischen Vermerk der Richtung des Widerspruchs. Bei titulierten Forderungen, wo doch die Rich-

schiedenheit der Widersprüche noch nicht Verschiedenheit des Prozeßgegenstandes: der Widerspruch ist nicht Prozeßgegenstand, sondern ein Regulator des Rechtsschutzinteresses.

Der Titel wirkt, wenn der Widerspruch das Begründetsein der Forderung gegen den Schuldner betrifft. Deshalb versagt er, wenn z. B. der Liquidant, dessen Saldoforderung teilweise bestritten ist, sich auf einen Titel für eine im Saldo enthaltene Wechselforderung beruft. Diese Wechselforderung ist Summe, nicht Rechtsgrund.[3] Ferner muß die Forderung, um als tituliert zu gelten, auf einen bestimmten Geldbetrag gerichtet sein. Ist daher der nach § 69 vom Gläubiger abgeschätzte Betrag der angemeldeten Forderung bestritten, so deckt anders als bei einer bloßen Umrechnung der Titel nur den Forderungsgrund, nicht den bestrittenen Betrag.[4] Bei einem Urteile über einen Teilbetrag einer Forderung ist nur dieser tituliert. Schwierigkeiten ergeben sich dabei nicht. Wird nicht ausdrücklich der titulierte Forderungsteil bestritten, so ist zu beachten, daß bei Teilbestreitung der nach dem Ende der Summe zu liegende Betrag gemeint ist. Beträgt die Forderung 1000, und sind 500 bestritten, so ist die Forderung streitig, soweit sie 500 übersteigt. Liegt für 500 ein Titel vor, so ist der durch ihn gedeckte Teilbetrag als festgestellt anzusehen.

Die Eigenschaft als Konkursforderung, die sogen. Anmeldbarkeit, deckt der Titel nicht.[5] Sowohl wenn die Forderung dem Grunde nach, als wenn ihre Anmeldbarkeit bestritten ist, ist Frage des Prozesses das Bestehen der Forderung gegenüber der Konkursmasse. Der Prozeßgegenstand ist der gleiche. Nur hängt die Beschaffung des Prozeßstoffes ab von der Richtung, die der Widerspruch genommen hat: die Widerspruchsrichtung

---

tung des Widerspruchs eminent praktisch ist, hilft sich *Oetker* damit, daß nach ihm schon im Zulassungsverfahren über das Vorliegen eines Titels entschieden wird. Diese Entscheidung hängt aber gerade ab von der Richtung des Widerspruchs (siehe ZZP. 25, S. 55).

[3] KG. v. 18. 12. 1911, LZ. 1912, S. 331f.; *Jaeger*, Anm. 23.

[4] *Oetker* I, S. 307f.; *Seuffert*, Konkurspr., § 44, N. 12; *Fitting* a. a. O., S. 150; *Jaeger*, Anm. 23.

[5] *Oetker*, ZZP. 25, S. 55; *Seuffert* a. a. O., S. 268; *Jaeger*, *Fitting* a. a. O.

bestimmt die Widerspruchsgründe. Eben weil die Gründe gegen die Anmeldbarkeit Wirksamkeit erst gewinnen durch die Konkurseröffnung und für den Konkursfeststellungsstreit, kann über die Fähigkeit dieser Gründe, den Bestand der Forderung gegenüber der Konkursmasse zu verneinen, durch den Titel nicht entschieden worden sein. Deshalb muß bei Streit um die Anmeldbarkeit der Liquidant das Verfahren betreiben, nicht der Opponent. Sind gleichzeitig Anmeldbarkeit und Grund einer titulierten Forderung bestritten, so ergäbe sich aus der Posteriorität der Gründe gegen die Anmeldbarkeit Rechtsschutzinteresse für einen zweiten Prozeß über denselben Gegenstand nur in denselben Grenzen, in denen die Vollstreckungsgegenklage zulässig ist (ZPO §§ 767, II; 796, II). Daß ein zweiter Prozeß (über die Anmeldbarkeit), dann, wenn die Forderung tituliert ist, sogar von vornherein zulässig ist, erklärt sich aus der Begrenzung des Rechtsschutzinteresses des die Feststellung betreibenden Opponenten. Dies beschränkt sich eben auf die Forderung, soweit für sie ein Titel vorliegt.[6] Natürlich kann der Liquidant in dem vom Opponenten betriebenen Rechtsstreite über den Grund der Forderung, von sich aus durch Antragserweiterung bis zur Schlußverhandlung zweiter Instanz die Frage der Anmeldbarkeit zur Erörterung stellen. Dasselbe gilt, wenn neben dem Bestehen der Forderung auch das beanspruchte Vorrecht bestritten ist. Auch für das Vorrecht wirkt der Titel nicht.[7] Diese Anspruchserweiterung[8] ist nicht Prozeßaufnahme, so daß nun zwei voneinander unabhängige Aufnahmen desselben Prozesses zwischen denselben Parteien erfolgt wären;[9] die Anspruchserweiterung setzt

[6] Dagegen muß der Liquidant einen zur Zeit der Konkurseröffnung über eine untitulierte Forderung schwebenden Rechtsstreit zwecks Entscheidung der Frage der Anmeldbarkeit aufnehmen — eben wegen der Gleichheit des Prozeßgegenstandes.

[7] *Kohler*, Lehrb., S. 565; *Oetker*, ZZP. 25, S. 66; *Peters.-Kleinf.*, Anm. 24; *Jaeger* a. a. O.

[8] Ist die dem Rechtsstreite zugrunde liegende Klage eine negative Feststellungsklage, so kann von Anspruchserweiterung seitens des beklagten Liquidanten keine Rede sein. Solchenfalls steht ihm aber Widerklage zu.

[9] Wie *Jonas*, S. 77, glaubt.

vielmehr Aufnahme seitens des Opponenten voraus. Solchenfalls wird es übrigens zu einer Aussetzung des Vorrechtsstreites kommen (ZPO § 148), da er sich mit der Verneinung der Forderung von selbst erledigt, während umgekehrt der Streit über die Anmeldbarkeit vor der Frage nach dem Begründetsein der Forderung auszutragen ist.[10] Ist lediglich das Vorrecht bestritten, so muß, wie auch *Jonas* a. a. O. zugibt, der Liquidant die Feststellung betreiben. Er muß aber neue Klage erheben; Aufnahme ist, da es sich um eine neue Rechtsfrage handelt, unmöglich.[11]

§ 18.

Die Mittel der Widerspruchsverfolgung.

Der Titel deckt nicht ein Konkursteilnahmerecht; er deckt die Forderung, und diese nur, soweit sie ihrem Bestande nach ganz oder teilweise bestritten ist. Nur insoweit ist sie Gegenstand der sogen. Widerspruchsklage, die lediglich Feststellungsklage ist.[1] Der Prozeßgegenstand wechselt auch hier nicht (§ 168, Nr. 1).[2] Unter Berücksichtigung der dem Opponenten obliegen-

---

[10] *Jaeger*, Anm. 21.

[11] Siehe oben, § 9; abw. *Jonas*, S. 76.

[1] Abw. *Oetker* I, S. 310; *Hellmann*, Lehrb., S. 484.

[2] Abw. *Jonas*, S. 66ff. Er gibt übrigens zu, daß der Titel „nicht den geringsten Einfluß auf die rechtliche Natur des Konkursfeststellungsstreites ausüben" kann. Es gelten daher die früher gegen *Jonas* erhobenen Einwendungen auch hier. Nur wer die Forderung als Gegenstand der Widerspruchsklage ansieht, kann diese von dem einheitlichen Gesichtspunkte aus betrachten, den *Jonas* in der Literatur so schmerzlich vermißt und dem er selbst am fernsten steht. An seinem Ergebnisse daß es sich hier um einen „negativen Konkursfeststellungsprozeß" handelt (S. 68), ist so viel richtig, daß die Nichtigkeits-, Restitutions- und Vollstreckungsgegenklage, sollen sie zur Konkursfeststellung dienen, durch den § 146f. modifiziert werden, z. B. in bezug auf das Rechtsschutzinteresse, die Parteistellung der Gläubigeropponenten und die Rechtskraftwirkung (§ 147). Wie kommt aber *Jonas* dazu, dem Opponenten diese, wenn auch modifizierten Rechtsbehelfe des Gemeinschuldners zu geben, und warum im Ergebnis nur diese, wo doch nach seiner Konstruktion der Prozeßgegenstand wechseln soll?

den Betreibungslast ergibt sich daraus, daß dem Opponenten, sei er auch Konkursgläubiger, alle gegen den Titel im Einzelfalle noch zulässigen Rechtsbehelfe und nur diese zustehen. Das sind mit der einen Ausnahme des lediglich vom Verwalter auszuübenden Konkursanfechtungsrechts nur solche Rechtsbehelfe, die der Gemeinschuldner, wäre nicht Konkurs, persönlich hätte.[3]

Die Konkursanfechtung (§§ 29ff. KO) ist nicht ein dem Gemeinschuldner schon außerhalb des Konkurses und vor demselben zustehender Rechtsbehelf gegenüber dem Verfahren, in dem der Titel erwirkt worden ist. Im Falle des Abs. VI erfolgt sie durch selbständige Anfechtungsklage, die vom Verfahren, in dem der Titel erwirkt wurde, völlig unabhängig ist. Gegenstand der Anfechtungsklage ist nämlich nicht die Forderung, sondern ein eigener Anspruch, der Rückgewähranspruch (§ 37). Daher eben ist die Anfechtungsklage auch zulässig gegenüber einer durch rechtskräftiges Urteil zuerkannten Forderung, mag dies Urteil ein inländisches oder ein ausländisches sein (§ 35).[4]

Abgesehen davon wirkt die bereits vor Konkurseröffnung eingetretene Rechtskraft auch gegenüber den Konkursgläubigern. Diese dem Wesen der Rechtskraft entsprechende Ansicht folgt auch aus dem Prinzipe des § 146, wonach die Konkursgläubiger überhaupt an die prozessuale Lage, in der sich der Rechtsstreit über die angemeldete Forderung befindet, gebunden sind.[5] Als Rechtsbehelfe kommen außer der Anfechtungsklage nur in Betracht Wiederaufnahme des Verfahrens (ZPO § 578ff.).[6] oder

---

[3] Motive II, S. 366f.; Protokolle, S. 92f.; Colmar v. 29. 3. 1905, OLG. 11, S. 364; *Oetker* I, S. 349ff.; *Peters.-Kleinf.*, Anm. 27f.; *v. Sarwey-Bossert*, Anm. 9; *v. Wilmowski-Kurlb.*, Anm. 18; *Jaeger*, Anm. 24; *Fitting*, S. 149 u. a. m.

[4] Vergl. *Jaeger*, Anm. 24.

[5] *Jaeger* a. a. O.; *Hellwig*, System, S. 804, 823.

[6] OLG. Colmar v. 29. 3. 1905 a. a. O. Abs. VI ist, insoweit er für rechtskräftig festgestellte Forderungen gilt, kein Einwand gegen die Ansicht, daß Gegenstand des negativen Feststellungsprozesses das bestrittene Forderungsverhältnis ist. Denn Abs. VI „soll nur, soweit bereits eine rechtskräftige Feststellung vorliegt, die Möglichkeit der Wiederaufnahme . . . gewähren“. (So *Peters.-Kleinf.*, Anm. 18).

Vollstreckungsgegenklage (ZPO § 767).[7] Ist das Urteil ein im Urkunden- oder Wechselprozeß erlassenes rechtskräftiges Vorbehaltsurteil, so muß der Opponent den Liquidanten zum Nachverfahren laden bezw. laden lassen (ZPO §§ 599, 600).[8]

Liegt für die bestrittene Forderung ein noch nicht rechtskräftiges Urteil vor, so muß der Opponent das schwebende Verfahren aufnehmen und, wenn dies seitens des Gemeinschuldners noch nicht geschehen sein sollte, gegen das Urteil den möglichen Rechtsbehelf, Einspruch,[9] Berufung oder Revision[10] einlegen.

War ein Vollstreckungsurteil nicht erlassen, so hat der Opponent auf die Aufhebung eines Schiedsspruchs gemäß ZPO § 1041 Klage zu erheben (ZPO § 1044). War dagegen die Zulässigkeit der Zwangsvollstreckung aus dem Schiedsspruche durch rechtskräftiges Vollstreckungsurteil ausgesprochen worden (ZPO § 1042, I), so gilt § 1043 mit §§ 1041, Nr. 6, 1044 ZPO. War Klage auf Erlaß des Vollstreckungsurteils erhoben, so muß der Opponent, mag bereits ein solches (noch nicht rechtskräftiges) Urteil vorliegen oder nicht, unter Aufnahme dieses Verfahrens die Gründe des § 1041 ZPO einwendungsweise geltend machen (ZPO § 1042, II).

Ein Vollstreckungsbefehl kann gemäß §§ 700, 796, II, III ZPO, eine vollstreckbare Urkunde nach § 797, V ZPO beseitigt werden.

Zu einer Feststellung des Bestehens oder Nichtbestehens der

---

[7] Vergl. RG. v. 6. 7. 1894, *Gruchots* Beitr. 38, S. 1172ff. Der Einwand von *Jonas*, S. 68: „Die Klage aus § 767 ZPO hält aber gerade die Zwangsvollstreckung nicht auf", ist ein für den Konkurs nicht in Betracht kommender Satz der Spezialexekution. Für den Konkurs relevant ist nur § 168, Nr. 1. Durch die Erhebung der Vollstreckungsgegenklage wird aber die Auszahlung der Anteile ohne allen Zweifel gehindert (vergl. *Jaeger*, Anm. 25).

[8] So auch *Jonas*, S. 82.

[9] Da die Einlegung des Einspruchs nicht mehr durch Zustellung eines Schriftsatzes (ZPO § 340 a. F.), sondern durch Einreichung der Einspruchsschrift bei dem Prozeßgerichte erfolgt, ist hier ebenso wie bei der Einlegung der Revision die vorgängige Zustellung eines besonderen Aufnahmeschriftsatzes nötig (ZPO § 250).

[10] RG. v. 11. 10; v. 5. 11. 1890, Bd. 27, S. 352.

Forderung braucht die Verfolgung des Widerspruchs von seiten des Opponenten überhaupt nicht zu führen. Denn der nächste Zweck der Widerspruchsverfolgung, der auch ergibt, daß sie für die Opponenten eine Befugnis, nicht bloß eine Last ist, besteht in der Verhinderung der Dividendenauszahlung.[11] Ist es dem Opponenten — wenn auch ohne Feststellung des Nichtbestehens der Forderung — gelungen, den Titel zu beseitigen, so werden die bis dahin für die Forderung zurückbehaltenen Anteile für die „Restmasse" frei. Damit gehen sie dem nunmehr untitulierten Anmelder nicht etwa verloren; es werden vielmehr alle bisher abschlagsweise verteilten Dividenden aus der noch verfügbaren Restmasse für ihn dann zurückbehalten, wenn er vor Ablauf der für die nächste Abschlagsverteilung oder letzten Endes für die Schlußverteilung normierten Ausschlußfrist dem Verwalter den in § 152 verlangten Nachweis der Betreibung der Feststellung erbringt (§ 155). Diese Zwecke der Widerspruchsverfolgung, Zurückbehaltung der auf die Forderung entfallenden Anteile oder gar Nichtberücksichtigung der Forderung (letzteres dann und schon dann, wenn lediglich der Titel beseitigt ist) verlangen nicht notwendig Klage und Urteil, sondern lassen sich auch erreichen durch Einwendung, bezw. Beschwerde und Beschluß. Dies gilt insbesondere von den Einwendungen gegen die Zulässigkeit einer Vollstreckungsklausel (ZPO §§ 732; 796; 797, 793).[12]

Hellmann[13] findet es auffallend, „daß ein widersprechender Gläubiger alle die Rechtsbehelfe des Gemeinschuldners sollte gebrauchen dürfen, die zur Beseitigung der Vollstreckbarkeit des Schuldtitels oder zur Aufhebung des Endurteils oder des Vollstreckungsbefehls notwendig sind." So könne die Vollstreckungs-

[11] Die Anteile werden vom Beginne der Widerspruchsverfolgung ab zurückbehalten, wie § 168, Nr. 1 gegen § 152 ergibt. Nicht etwa hört jegliche Berücksichtigung auf. Man müßte denn die titulierte Forderung schlechter als die nicht titulierte Forderung stellen wollen, was widersinnig wäre (vergl. *Jaeger*, § 152, Anm. 2).

[12] *Jaeger*, Anm. 24f.; *Peters.-Kleinf.*, Anm. 27; *v. Sarwey-Bossert*, Anm. 9; *v. Wilmowski-Kurlb.*, Anm. 18f.; *Oetker*, ZZP. 25, S. 59; *Jonas*, S. 79.

[13] Lehrb., S. 484ff.

gegenklage und die Wiederaufnahme des Verfahrens nur vom Konkursverwalter beantragt werden. Ein Gläubigeropponent könne nur klagend behaupten, daß der Verwalter Einwendungen oder Wiederaufnahme erfolgreich geltend gemacht habe. Sonst bleibe sein Widerspruch erfolglos.[14] Nun, wenn der Verwalter erfolgreich gewesen ist, so wird sich wohl jeder Gläubigeropponent hüten, nach *Hellmanns* Vorschlag noch Klage zu erheben, denn entweder hat der Widerspruch des Verwalters bloß den Titel beseitigt, dann ist die Betreibung der Feststellung lediglich Sache des Liquidanten (Abs. I), oder es ist das Nichtbestehen der Forderung rechtskräftig festgestellt, dann erübrigt sich wegen § 147, S. 1 die Widerspruchsverfolgung des Opponenten erst recht. Wenn aber *Hellmann*[15] Aufnahme des schwebenden Rechtsstreites durch Gläubigeropponenten zuläßt, so muß dies auch für die Wiederaufnahme gelten, denn „solange die Wiederaufnahme möglich ist, bleibt eine Nachwirkung des Prozeßrechtsverhältnisses bestehen. Der Dritte ist berechtigt, als Partei die Wiederaufnahmeklage anzustellen".[16] Daß dazu und zur Erhebung der Vollstreckungsgegenklage nur der Konkursverwalter befugt sein soll, erscheint um so unverständlicher, als der Verwalter nach *Hellmann*[17] Prozeßvertreter der Konkursgläubiger ist. Daß insbesondere nicht in Beschlußform über den Widerspruch solle entschieden werden können (auch nicht, wenn der Verwalter prozessiert?), folgert *Hellmann* aus § 147, 1, wonach der Widerspruch durch Urteil für begründet erklärt werden muß. Abgesehen von den Fällen des Verwaltungsverfahrens (im Gegensatz zum Verwaltungsstreitverfahren) ist dies anerkannt und bisher ebensowenig bestritten worden als *Hellmanns* Argument: ein Urteil setze die Klage voraus (vergl. allerdings ZPO § 922). *Hellmann* trifft nicht das Wesentliche. Die Verfolgung des Widerspruchs braucht noch nicht dessen Begründetsein, das Unbegründetsein der Forderung bedeutet, zu ergeben. Wenn das Gesetz den Opponenten betreiben läßt, mit dem Endzwecke,

---

[14] A. a. O., S. 486.
[15] A. a. O., S. 487.
[16] So *Hellwig*, System, S. 566.
[17] A. a. O., S. 632.

eine Entscheidung über die Konkursforderung herbeizuführen, so kann dies nur dadurch geschehen, daß es ihm alle Mittel an die Hand gibt, auch solche, die für die Feststellung nur vorbereitend wirken, also im einzelnen Falle den Feststellungsstreit nicht selbst erledigen, wohl aber den Titel beseitigen. Auch diesen Zweck will das Gesetz. Will es aber den Zweck, so muß es auch die Mittel wollen; und diese sind nicht notwendig die Klage. Die Beschränkung des Gläubigeropponenten in seinen Rechtsbehelfen, worauf *Hellmanns* Ausführungen schließlich hinauslaufen, widerstreitet der prinzipiellen Selbständigkeit des Widerspruchs des Gläubigeropponenten gegenüber dem Widerspruche des Verwalters.

Der im Abs. II, 2 statuierte ausschließliche Gerichtsstand gilt nicht für die Widerspruchsverfolgung.[18] Dies ist unbestreitbar, wenn zwecks Widerspruchsverfolgung ein schwebender Rechtsstreit aufgenommen wird. Insoweit ist Abs. II auch auf untitulierte Ansprüche unanwendbar. Aber auch wenn der Widerspruch in den Formen der §§ 584, 767, 768, 796, 797, 1044 f. ZPO verfolgt wird, gilt die ausschließliche Zuständigkeit des Abs. II nicht. Nach *Jonas* sollen auch die Fälle der Unanmeldbarkeit der Forderung, der mangelnden Identität der angemeldeten Forderung mit der im Titel bezeichneten, der Unechtheit des Titels mittels Verfolgung des Widerspruchs ausgetragen werden. In diesen Fällen handelt es sich aber gar nicht um titulierte Forderungen. Damit erledigt sich die Ansicht von *Jonas*, daß für diese Fälle der Gerichtsstand des Abs. II auch im Bereiche des Abs. VI gelte. Der Streit über die Echtheit der Titelurkunde ist überhaupt kein Konkursfeststellungsstreit. Er ist deshalb auch nicht im Gerichtsstande des Abs. II auszutragen. Es ist vielmehr Feststellungsklage nach § 256 ZPO zu erheben.[19]

Die Ansicht *Hellmanns*,[20] daß für die Widerspruchs-

---

[18] Motive II, S. 367; Protokolle, S. 93; herrschende Lehre; vergl. z. B. *Peters.-Kleinf.*, Anm. 29; *v. Sarwey-Bossert*, Anm. 9; *Jaeger*, Anm. 25; *Fitting* a. a. O., S. 149.

[19] *Jaeger*, Anm. 25.

[20] A. a. O., S. 486.

verfolgung Abs. II maßgebend sei — was doch für die Vollstreckungsgegenklage und die Wiederaufnahme seitens des Verwalters unmöglich gelten kann — erklärt sich aus seiner Forderung, es sei zwecks Anmeldungsrücknahme selbständige Klage zu erheben.

In selbständiger Klage verfolgt der Verwalter seinen Widerspruch mittels des Rückgewähranspruchs (KO § 37). Gleichwohl gilt für die Anfechtungsklage nicht der Gerichtsstand des Abs. II. Es gelten vielmehr die allgemeinen Zuständigkeitsvorschriften der Zivilprozeßordnung. Ein ausschließlicher Gerichtsstand ist für die Gläubigeranfechtung nicht vorgeschrieben.[21]

§ 19.

Das für die Feststellung vorbereitende Verfahren.

Das für die Feststellung vorbereitende Verfahren ist ein solches, welches nicht zur Entscheidung über die Forderung, wohl aber zur Aufhebung des Titels führen kann mit der Wirkung, daß nunmehr der Liquidant die Feststellung der untitulierten Forderung betreiben muß. Ist lediglich der Titel beseitigt, so hat der Anmelder die Betreibungslast. Das ist herrschende Lehre.[1] Eine Mittelstellung nimmt *Kohler* ein.[2] Danach können sowohl Liquidant als Opponent nach der Beseitigung des Titels die Feststellung betreiben. Die Klage des Opponenten wäre aber mangels Rechtsschutzinteresses als unzulässig abzuweisen. Nach *Oetker*[3] muß trotz der Beseitigung des Titels der Opponent Widerspruchsklage erheben, da seiner Ansicht zufolge im Zulassungsverfahren über die „titulierte Zulassung“ bindend entschieden worden ist. Das Konkursgericht kann aber über

---

[21] *Jaeger* a. a. O.; *v. Wilmowski-Kurlb.*, Anm. 20.

[1] *Peters.-Kleinf.*, Anm. 27; *v. Sarwey-Bossert*, Anm. 9; *v. Wilmowski-Kurlb.*, Anm. 19; *Jaeger*, Anm. 19; *Fitting*, § 12, N. 59; *Jonas*, S. 81; *Seuffert*, Konkurspr., S. 275. So aber auch trotz der mißdeutigen Ausdrucksweise *Voigt*, S. 175.

[2] Leitfaden, S. 251.

[3] I, S. 353; ZZP. 25, S. 59.

das Feststellungsinteresse der Prozeßparteien nicht bindend entscheiden.[4]

Als Mittel zur Beseitigung lediglich des Titels kommen in Betracht Einwendungen gegen die Zulässigkeit der Vollstreckungsklausel (ZPO §§ 732, 768) und Klage gemäß §§ 796, III, 797, V. Es kann aber auch ein die Forderung deckendes Urteil in der Rechtsmittelinstanz oder im Wiederaufnahmeverfahren mangels einer Prozeßvoraussetzung aufgehoben werden. Gerade dieser Fall, den auch *Oetker*[5] erwähnt, ergibt, daß man nicht von selbständigen und unselbständigen Mitteln der Widerspruchsverfolgung,[6] sondern nur von einem im einzelnen Falle für die Feststellung vorbereitenden Verfahren reden kann.

Durch die Beseitigung des Titels allein wird allerdings das Unbegründetsein der Forderung im Sinne des § 147 nicht entschieden. Eine andere Frage ist es aber, ob nicht die Beseitigung des Titels außer dem betreibenden auch den übrigen Konkursgläubigern, insbesondere den übrigen Opponenten zugute kommt. Diese Frage wird von *Oetker*[7] und *Jonas*[8] ausdrücklich verneint. Die Beseitigung des Titels kommt aber, auch wenn bloß durch einen Opponenten bewirkt, allen Konkursgläubigern ohne allen Zweifel insoweit zugute, als die auf die bestrittene Forderung entfallenden Bezüge, die bisher zurückbehalten wurden, für die Restmasse frei werden, wenn der Prätendent der nunmehr untitulierten Forderung nicht seinerseits die Feststellung betreibt. Ebensowenig wie jemand zugleich Konkursgläubiger und Nichtgläubiger sein kann — dies schließt § 147, S. 1 gerade aus — ebensowenig kann er wegen der Verteilungsmodalitäten Präten-

---

[4] Die *Oetkersche* Lehre läßt sich nicht widerspruchslos durchführen: „Wäre umgekehrt der Liquidant untituliert zugelassen, obwohl vor dem Konkurse ein (noch nicht rechtskräftiges) Endurteil zu seinen Gunsten ergangen war, so müßte er trotz des vorhandenen Titels seinerseits die Feststellung verfolgen, indem er das schwebende Verfahren aufnähme." (I, S. 352.) Wie soll aber z. B. der nichtbeschwerte Anmelder die Revision einlegen können!

[5] I, S. 353.

[6] So *Oetker* I, S. 349.

[7] I, S. 355.

[8] S. 83.

dent einer zugleich titulierten und untitulierten Forderung sein. Dieses Ergebnis allein aber könnte durch jede neuerliche Beseitigung des Titels erzielt werden. Was hätten die übrigen Opponenten für ein Interesse daran, den Rechtsstreit, der mit absolutio ab instantia geendet und den Titel beseitigt hat, aufzunehmen, um aller Wahrscheinlichkeit nach dasselbe Resultat zu erhalten! Was hätte der Staat als Gerichtsherr für ein Interesse, einen seiner Akte mehrmals aufzuheben! Dies alles würde den Grundsätzen jeder Prozeßökonomie widersprechen. Die Praxis drängt aber auf Vereinfachung des Feststellungsstreites.[9] Auch der Liquidant hätte kein Interesse mehr an einem Titel,[10] den auch nur ein Opponent beseitigt hat, denn diesem Opponenten gegenüber hat er doch die Betreibungslast (vergl. §§ 152, 168, Nr. 1). Die einmalige Beseitigung des Titels wirkt gegenüber allen Konkursgläubigern: jedem Opponenten gegenüber hat der Liquidant die Betreibungslast.

§ 20.

Das Feststellungsinteresse des titulierten Anmelders.

§ 146, VI begünstigt den titulierten Liquidanten dadurch, daß dem Opponenten die Betreibungslast auferlegt ist.

Die Widerspruchsverfolgung ist für den Opponenten nicht nur eine Last; sie ist zugleich eine Befugnis und das einzige Mittel, die Auszahlung der auf die bestrittene Forderung entfallenden Bezüge zu verhindern (§ 168, Nr. 1 gegen § 152).

Die Auszahlung der auf die titulierte Forderung entfallenden Anteile kann noch unmittelbar vor der Verteilung, auch der Schlußverteilung verhindert werden, was bewirken kann, daß der Liquidant „sein Kapital länger entbehrt, als wenn er den

[9] Vergl. auch *Laux*, DJZ., Bd. 6, S. 327.

[10] Deshalb hat auch *Jonas* a. a. O. nach einem zweckmäßigen Ausweg gesucht. Er findet ihn darin, daß der Liquidant auf die weitere Geltendmachung seines Titels im Konkursverfahren verzichtet. Das ist wegen Abs. III mit seiner Grundauffassung z. B. dann unvereinbar, wenn ein Rechtsstreit in der Berufungs- oder Revisionsinstanz schwebte.

Widerspruch überwunden hätte".[1] Dazu kommt noch, daß der Liquidant die erhaltenen Beträge zurückzahlen muß, wenn der Opponent in dem späterhin durchgeführten Feststellungsprozesse obsiegt (BGB §§ 812ff.; KO § 166, I).[2] Trotz seines Titels hat der Anmelder vor der Beseitigung sämtlicher Widersprüche ein Stimmrecht von Rechtswegen nicht.[3]

Aus alledem ergibt sich das schutzwürdige Interesse des Liquidanten an der Initiative zur Betreibung. Er ist zwar nach Abs. VI „nicht verpflichtet",[4] wohl aber berechtigt zu betreiben. Doch ist dies streitig. *Oetker* hat durch sorgfältige Untersuchung die Kontroverse auf die Fälle beschränkt, wo ein noch nicht durch rechtskräftiges Urteil erledigtes Verfahren schwebt.[5] Von *Jonas*[6] wird dies wieder, in Konsequenz seiner Ansicht, daß im Konkursfeststellungsstreite Prozeßgegenstand die Teilnahmebefugnis sei, zu unrecht bestritten.

Ist die Prozeßaufnahme noch möglich, so kann der Anmelder nach Aufnahme des Verfahrens z. B. dem Opponenten das Urteil zustellen, um so die Rechtsmittelfrist in Lauf zu setzen und zu einem rechtskräftigen Urteile zu kommen.[7] Zur Einlegung eines Rechtsmittels fehlt es dem titulierten Anmelder allerdings an der Beschwer durch das Urteil. Gerade wegen seiner eigenen Betreibungsbefugnis kann aber der titulierte Anmelder vom Widersprechenden Aufnahme gemäß § 239 ZPO nicht verlangen.[8]

---

[1] Motive II, S. 387; *Seuffert*, Konkurspr., S. 275.

[2] *Jaeger*, § 166, Anm. 3; *Jonas*, S. 69.

[3] Vergl. § 95, I.

[4] Motive II, S. 367.

[5] ZZP., Bd, 25, S. 62f.

[6] A. a. O., S. 71f.

[7] RG. v. 8. 1. 1892; v. 7. 1. 1895, RG. 34, S. 409ff.; v. 16. 1. 1901, JW., S. 162, Nr. 12; v. 17. 3. 1902, Bd. 51, S. 97; KG. v. 5. 1. 1909, OLG. 19, S. 135; Braunschweig v. 28. 2. 1911, OLG. 23, S. 308, und herrschende Lehre: So schon *Endemann*, a. a. O., S. 537f.; *Seuffert* a. a. O., *Fitting*, S. 150f.; *Jaeger*, Anm. 27; *Stein*, Voraussetzungen, S. 141f.

[8] RG. v. 7. 1. 1895 a. a. O. gegen RG. v. 26. 3. 1891, Gruchots Beitr. 36, S. 470; *Peters.-Kleinf.*, Anm. 24.

Hellmann[9] sieht in der Initiative des Anmelders einen Verstoß gegen KO § 12. Es ist dies aber keine unzulässige Sonderverfolgung der Konkursforderung.[10] *Hellmann* beweist mit dem zu Beweisenden. § 12 setzt doch die Auslegung der „Vorschriften für das Konkursverfahren" gerade voraus.

Oetker[11] will dem Liquidanten die Initiative versagen, weil bei Bestrittensein einer untitulierten Forderung der Opponent auch nicht betreiben dürfe. Der Opponent hat solchenfalls auch keinerlei Rechtsschutzinteresse, da schon der Widerspruch die Auszahlung sowohl wie die Zurückbehaltung der Anteile verhindert.[12] Demgegenüber behauptet *Oetker* ein mögliches Interesse des Opponenten auch an Feststellung des Nichtbestehens der untitulierten Forderung dann, wenn dem Liquidanten ein Stimmrecht zugebilligt worden sei. Die Stimmgewährung steht aber nach § 95 ausdrücklich bei den Beteiligten, im Streitfalle beim Konkursgerichte, dessen Entscheidung unanfechtbar ist (§ 95, III). Deshalb kann die Stimmgewährung für den Opponenten ein Rechtsschutzinteresse nicht begründen.

Liegt für die Forderung bereits ein rechtskräftiges Urteil vor, so stehen die möglichen Rechtsbehelfe, Vollstreckungsgegenklage, Wiederaufnahme oder Anfechtung dem Liquidanten nicht zu. Für eine neue Feststellungsklage fehlt ihm aber, da die Sache schon rechtskräftig entschieden ist, regelmäßig das Interesse.[13] Eine allgemeine, nicht bloß für den Konkursfeststellungsstreit bedeutsame Ausnahme[14] ergibt sich dann, wenn der Gläubiger trotz der rechtskräftigen Feststellung ein alsbaldiges Interesse an erneuter, sachlich nicht veränderter Feststellung (§ 256 ZPO) nachweist; denn die Rechtskraft hindert lediglich — rebus sic stantibus — eine abweichende Sachentscheidung,

---

[9] A. a. O., S. 484, N. 1.

[10] *Jaeger* a. a. O.

[11] I, S. 504f; ZZP. 25, S. 61ff.

[12] Vergl. *Jaeger* a. a. O.

[13] Abw. *Jonas*, S. 71f.

[14] Gerade deshalb wird die von *Oetker* auf die Fälle der Aufnahme schwebender Prozesse beschränkte Kontroverse durch diese Ausnahme nicht erweitert.

nicht eine Neuentscheidung, für die ein rechtliches Interesse gegeben ist.[15] So ist eine Klage des Liquidanten, daß die rechtskräftig festgestellte Forderung noch bestehe, denkbar, wenn der Verwalter nach Aufrechnung mit einer vom Liquidanten geleugneten Gegenforderung der Forderungsanmeldung des Liquidanten widerspricht und nachher mit der Erhebung der Vollstreckungsgegenklage zögert.[16] Diese Klage ist die Konkursfeststellungsklage, was sich aus der erweiterten Rechtskraft des Urteils gemäß § 147, S. 1, ergibt, wenn der Liquidant unterliegt. Da sie aber erneute Feststellung zugunsten des Liquidanten bezweckt, kann das nach § 146 sonst ausreichende Rechtsschutzinteresse hier ausnahmsweise nicht genügen: es muß ein Interesse an der neuerlichen Feststellung hinzukommen.[17] Für diese Klage gilt der ausschließliche Gerichtsstand des § 146, II. So auch *v. Wilmowski-Kurlb*,[18] die aber verkennen, daß das Interesse des Liquidanten, soweit es die nochmalige Feststellung seiner Forderung betrifft, nicht bloß Anlaß, sondern die Voraussetzung seiner Klage ist. Dies erkennt hinwiederum *Stein*[19] mit Bezug auf die Zögerung des Widersprechenden insoweit mit Recht an und gibt damit eigentlich zu, daß die ganze Frage weniger eine solche des Prozeßgegenstandes ist (wie er meint), als vielmehr eine solche des Rechtsschutzinteresses.

---

[15] *Gaupp-Stein* a. a. O. Vor § 253, IV, 2 b; § 322, II, 2 mit Lit.

[16] RG. v. 6. 7. 1894, Gruchots Beitr. 38, S. 1172; *Jaeger* a. a. O.; vergl. auch § 145, Anm. 11.

[17] Abw. *Jonas* a. a. O.

[18] Anm. 7, 17.

[19] Voraussetzungen a. a. O.

Kapitel VI.

Die Widerspruchsmehrheit.

§ 21.

Einleitung. Die Zwangsstreitgenossenschaft insbesondere.

Widerspruchsmehrheit bedeutet ein Zweifaches. Die Forderung kann in verschiedener Hinsicht, z. B. dem Grunde und dem Vorrechte nach bestritten sein. Es können ihrer Feststellung aber auch mehrere Opponenten widersprochen haben. Letzteres ist wieder in zweifacher Weise möglich, indem alle Widersprüche dieselbe oder einige oder alle eine verschiedene Richtung haben.

Die mehreren Opponenten können im Feststellungsprozesse als Partei auftreten oder auch bloß intervenieren. Deshalb ist in diesem Zusammenhange auch von der Intervention zu handeln, zumal eine starke Strömung in der Literatur die Interventionsmöglichkeit auf die Opponenten beschränkt.

Opponent kann auch der Gemeinschuldner, aber nur in bezug auf sein konkursfreies Vermögen sein. Sein Widerspruch hat daher für den Bereich des Konkurses keine Bedeutung.

Die Lehre von der Widerspruchsmehrheit wird zentral bestimmt durch Annahme oder Ablehnung einer Zwangsstreitgenossenschaft für den Bereich des § 146.[1]

Widerspruchsvoll ist z. B. die Lehre *Fittings*, daß der Prozeß gegen alle Widersprechenden, nicht aber von allen Widersprechenden als Zwangsstreitgenossen geführt werden müsse, weil nach Abs. VI der Antrag auf Erklärung des Widerspruchs für begründet laute und nach § 147, S. 1 schon das Begründetsein eines Widerspruchs zur Ausschließung der Forderung genüge. Diese der Wortauslegung entnommene Antragsformulierung, auf

[1] Sie wird — im einzelnen modifiziert — vertreten von *Schultze* a. a. O., S. 101, 104ff.; *v. Völderndorff* a. a. O. II, S. 400f.; *Wolff*, § 147, Anm. 1; *Kiehl*, Archiv ziv. Prax. 89, S. 357ff.; *Fitting* a. a. O., § 12, N. 46, 64.

die bei den Vertretern der Zwangsstreitgenossenschaft die Frage mehr oder minder hinausgespielt wird, ist aber unmaßgeblich, denn bei Aufnahme eines schwebenden Rechtsstreits kann der Streit über eine untitulierte Forderung in negativer, der über eine titulierte Forderung mittels positiver Feststellungsklage ausgetragen werden müssen. Die Parteirollen wechseln ja nicht. Für solche Fälle versagt die Wortauslegung. Auch wenn der Anmelder einen Einzelprozeß betreibt, ist endgültige Entscheidung möglich, nämlich bei Begründetsein des Widerspruchs des einzeln belangten Opponenten. Dies müssen auch die Anhänger der Lehre von der Zwangsstreitgenossenschaft zugeben — eben mit Rücksicht auf § 147, S. 1. Sonach bedeutet die Frage nach der Zwangsstreitgenossenschaft nicht: darf nicht (positive Ausnahmevorschrift), sondern: kann nicht einzeln gestritten werden? Die Frage nach der Zwangsstreitgenossenschaft ist also eine solche der Sachlegitimation[2] und daher hypothetisch zu stellen: Die Möglichkeit endgültiger Entscheidung im Einzelprozeß ist die Verneinung der Zwangsstreitgenossenschaft.

Dies bestätigen praktische Notwendigkeiten. Einzelklage ist unumgänglich, wenn über den einen Widerspruch vor dem Amtsgerichte, über den andern vor dem Landgerichte zu verhandeln ist; wenn der Widerspruch gegen eine titulierte Forderung durch Einlegung der Revision zu verfolgen und gleichzeitig die Anmeldbarkeit oder das Vorrecht bestritten ist; ferner wenn der Gläubigeropponent seinen Widerspruch gemäß Abs. VI mit dem gerade zulässigen Rechtsbehelfe, der Konkursverwalter aber den seinigen mit der Anfechtungsklage in einem vielleicht ganz anderen Gerichtsstand verfolgt.[3]

---

[2] D. h. wer Zwangsstreitgenossenschaft annimmt, müßte jede Einzelklage als unbegründet, nicht bloß als unzulässig abweisen (konsequent *Osterloh*, ZZP. 3, S. 92f.).

[3] Gegen die Zwangsstreitgenossenschaft RG. v. 17. 3. 1902, Bd. 51, S. 97; Braunschweig v. 12. 4. 1907, OLG. 15, S. 246, und die herrschende Lehre, z. B. *Wach*, I, S. 624; *Peters.-Kleinf.*, Anm. 5; *v. Wilmowski-Kurlb.*, § 147, Anm. 3 a; *Lux*, Notwendigkeit der Streitgenossenschaft, 1906, S. 113; *Jaeger*, Anm. 7; *Gaupp-Stein* a. a. O., § 62, N. 48; *Jonas*, S. 28f.

Ob sich eine Einzelklage empfiehlt, das ist eine Frage der Prozeßpolitik. Das Gericht kann mehrere bei ihm anhängige Prozesse verbinden (Abs. II; ZPO § 147), ohne daß Streitwertaddition statthätte.[4]

§ 22.

Getrennte Prozesse.

Das Widerspruchsrecht des einzelnen Konkursgläubigers ist ein unabgeleitetes Recht.[1] Ebenso ist aber auch der Verwalter, der als Vertreter des Massesubjekts widerspricht, in dieser Funktion völlig unabhängig von den Konkursgläubigern. Sein pflichtmäßiges Ermessen entscheidet wie über Erhebung so über Verfolgung eines Widerspruchs.

Im Feststellungsstreite wirkt Opponentenmehrheit Mehrheit der Prozeßrechtsverhältnisse.[2] Eben wegen der Selbständigkeit der Widersprüche sind diese Prozeßrechtsverhältnisse bei getrennter Prozeßführung inhaltlich und in ihrem Verlaufe prinzipiell unabhängig voneinander. Dieser Satz modifiziert sich durch § 147. Im einzelnen ergibt sich daher folgendes: Da als Prüfungsergebnis in die Tabelle einzutragen ist, ob der Opponent den Grund, die Anmeldbarkeit, das Vorrecht der Forderung im ganzen oder zu einem Teilbetrage bestritten hat,[3] so ist klar, daß die Richtung des Widerspruchs als Fixierung des Rechtsschutzinteresses zugleich eine Begrenzung der Verteidigungsmittel bildet, obwohl eine Angabe der Widerspruchsgründe im Prüfungstermin unverbindlich ist. Wer beispielsweise die Anmeldbarkeit der Forderung bestritten hat, kann nur Tatsachen vorbringen, die geeignet sind, das Bestehen der Forderung gegenüber der Konkursmasse w e g e n U n a n m e l d b a r k e i t zu verneinen. Bedeutungsvoll wird dies besonders dann, wenn die Forderung nach dem allgemeinen oder für sie besonders an-

[4] Vergl. *Jaeger*, § 148, Anm. 5.

[1] Vergl. *Jaeger*, § 141, Anm. 8 mit Lit.

[2] Siehe oben, § 9.

[3] Siehe oben, § 16.

gesetzten Prüfungstermine erloschen ist. Eine Feststellung der Forderung ist dann allerdings unmöglich geworden.[4] Hier ergibt sich aber eine unterschiedliche Behandlung des widersprechenden Konkursverwalters und der Gläubigeropponenten. Haben die Gläubigeropponenten lediglich die Anmeldbarkeit dieser Forderung bestritten, so kann keiner von ihnen das nachträgliche Erlöschen geltend machen zur Substanzierung seines Widerspruchs. Praktisch garantiert diese Ansicht allein eine gerechte Verteilung der Kostenlast. Der nicht widersprechende Konkursverwalter muß in einem solchen Falle zum Schutze der Masse die Vollstreckungsgegenklage als einen in diesem Falle lediglich dem Massesubjekt, nicht auch den die Anmeldbarkeit bestreitenden Gläubigeropponenten zustehenden Rechtsbehelf erheben. Da der Verwalter bei seiner Widerspruchsverfolgung lediglich Vertreter des Massesubjekts ist, so kann er, selbst wenn er nur der Anmeldbarkeit der Forderung widersprochen hat, das nachträgliche Erlöschen der Forderung allerdings schon im Liquidationsprozeß geltend machen.

Der Satz, daß der die Anmeldbarkeit bestreitende Gläubiger nur die Anmeldbarkeit verneinende Gründe vorbringen darf — ein Satz, der auf die Bestreitung des Grundes und des Vorrechts entsprechend anzuwenden ist — gilt auch dann, wenn ein anderer Opponent der Forderung in anderer Richtung widersprochen hat. Dieser Satz wird aber modifiziert durch die Wirkung, die ein Urteil ausübt, das auch nur e i n e n Widerspruch rechtskräftig für begründet erklärt. Schon der Sieg eines Opponenten verhindert die Feststellung der Forderung. Der Widerspruch dieses Opponenten kann nie beseitigt werden (§ 144,I). Da nun der Anmelder dem Wesen des Konkurses entsprechend allen Gläubigern gegenüber die gleiche Stellung einnehmen muß, so muß dieser eine Sieg zugunsten aller, auch der nichtwidersprechenden Gläubiger wirken. Die Rechtskrafterweiterung wird zur praktischen Notwendigkeit (§ 147, 1).[5] Wird auch nur

---

[4] ObLG. v. 10. 10. 1888; *Seuff.* A. 45, Nr. 157.

[5] Motive II, S. 368; *Wach-Laband,* Zur Lehre von der Rechtskraft, 1899, S. 18f.; 38f; 80; *Hellwig,* Wesen u. subjektive Begrenzung der Rechtskraft, 1901, S. 26; *Jaeger,* § 147, Anm. 3. — Abw. *Oetker* I, S. 331.

einmal rechtskräftig festgestellt, daß die Forderung der Konkursmasse gegenüber gleichviel aus welchem Grunde nicht besteht,[6] so kann sich jeder Opponent darauf berufen, ohne Ansehung der Richtung seines eigenen Widerspruchs. Darauf berufen bedeutet nicht, daß nun jeder durch die Rechtskrafterweiterung betroffene Rechtsstreit spruchreif geworden wäre,[7] oder daß die Opponenten eine exceptio ex iure tertii geltend machen könnten.[8] Beide Male ist verkannt, daß die Opponenten eben wegen der Rechtskrafterweiterung an Sachentscheidung kein Interesse mehr haben.[9] Die Rechtsstreitigkeiten sind somit in der Hauptsache gegenstandslos geworden. Nur diese Ansicht führt zu einer in allen Fällen angemessenen Verteilung der Kosten, die davon abhängt, ob der einzelne Widerspruch begründet gewesen wäre oder nicht.[10] Zwecks Kostenentscheidung muß die Hauptsache weiter verhandelt werden.[11] Hier können sich verschiedene Entscheidungen schon deshalb ergeben, weil die Gläubigeropponenten nicht, wie der Konkursverwalter, materielle Gegenrechte geltend machen können. Dies gilt nicht bloß von der Aufrechnung und dem Anfechtungsrechte. Wie letzteres auch einredeweise (§ 41, II) nur vom Verwalter geltend gemacht werden kann, so gilt dies von jeder Einrede überhaupt, denn diese ist „ein Recht, und zwar eine vom Willen des Verpflichteten abhängige Befugnis, die Leistung zu verweigern."[12] Selbst eine lediglich aufschiebende Einrede, wie die des Zurückbehaltungsrechts, steht nur dem Verwalter zu,[13] während die

---

[6] Wird einmal festgestellt, daß die Forderung nicht bevorrechtigt ist, so wirkt natürlich auch dies Urteil insoweit erweiterte Rechtskraft.

[7] So *Kohler*, Archiv ziv. Pr. 81, S. 407; *Jonas*, S. 27, 81.

[8] *Mendelssohn Bartholdy*, Grenzen der Rechtskraft, 1900, S. 338f.

[9] Dabei ist allerdings zu berücksichtigen, daß Teilsiege ebenso wie Teilwidersprüche eine ihrem Betrag entsprechende beschränkte Wirkung haben (vergl. das Beispiel bei *Jaeger*, Anm. 9).

[10] *Jaeger*, Anm. 9.

[11] Vergl. auch *Gaupp-Stein* a. a. O., § 91, III.

[12] So *v. Thur*, Der allgemeine Teil des deutschen bürgerlichen Rechts I, 1910, S. 293; vergl. auch *Jaeger*, § 141, Anm. 9.

[13] Obwohl das der Klage stattgebende Urteil nicht auf Verurteilung zur Zahlung Zug um Zug gemäß § 274 BGB gehen kann, so wird

Stundungseinrede für den Bereich des § 65 entfällt, und es bezüglich der Einrede der Verjährung streitig ist, ob sie im Feststellungsstreite vom Opponenten erhoben werden kann.[14] Eine vom Gemeinschuldner entgegen dem § 7 KO vorgenommene Prozeßhandlung kann, auch wenn sie eine Verfügung über die bestrittene Forderung enthält, jeder Opponent gemäß § 295 ZPO rügen.[15]

Abgesehen von der Geltendmachung materieller Gegenrechte in obigem Umfange, disponieren die Parteien, auch wenn ein Gläubigeropponent Partei ist, über den Rechtsstreit wie über das streitige Recht. Daß die Prozeßdispositionen stets nur „den einzelnen Teilprozeß" träfen,[16] läßt sich in dieser Verallgemeinerung nicht behaupten. Man denke nur an den Verzicht des Liquidanten (ZPO § 306). Wird er auf Grund dieses Verzichts mit dem Anspruche abgewiesen, so ist jedenfalls ein Widerspruch begründet und wirkt das Urteil erweiterte Rechtskraft. Dabei ist allerdings vorausgesetzt, daß der Verzicht die Forderung, nicht „den Anspruch auf richterliche Handlung, auf Repression des Widerspruchs" zum Gegenstand hat.[17]

Ein Anerkenntnisurteil (ZPO § 307) dagegen wirkt, soweit es nicht gegen den einzigen oder den allein noch übrigen Opponenten ergeht, nur unter den Parteien. § 147, 1 bedeutet nicht, daß mit Beseitigung eines Widerspruchs auch die übrigen erledigt seien.[18] Die Ansicht von Mendelssohn verstößt gegen den Grundsatz der Selbständigkeit der einzelnen Widersprüche und beruht im übrigen auf einer Wortauslegung des § 147, der sein Correktiv findet in § 146, I: Die Feststellung ist gegen die, d. h. gegen alle Bestreitenden zu erwirken.[19]

---

doch die Konkursforderung mit der Maßgabe festgestellt, daß die Auszahlung der Dividende Zug um Zug gegen Zahlung der geltend gemachten Gegenansprüche zu erfolgen hat (OLG. Dresden v. 25. 9. 1907, LZ. 1908, S. 88).

[14] Vergl. *Jaeger* a. a. O. und § 3, Anm. 14 mit Lit.

[15] So auch *v. Wilmowski-Kurlb.*, Anm. 5; abw. *Wolff*, Anm. 1.

[16] So *Oetker* I, S. 342.

[17] Abw. *Oetker* I, S. 371.

[18] So *Mendelssohn Bartholdy* a. a. O., S. 486ff.

[19] So die herrschende Lehre, z. B. *Peters.-Kleinf.*, Anm. 5; *Jaeger*, Anm. 12; *Boethke*, Gruchots Beitr. 46, S. 452.

Solange die Feststellung nicht „gegenüber allen Konkursgläubigern“ wirkt, lautet die Urteilsformel zweckmäßig nur auf Erklärung des Widerspruchs als unbegründet.[20] Doch setzt sich der Liquidant, der solchenfalls seinen Antrag schlechthin auf Feststellung der Forderung faßt, nicht einer „Einrede“ des Opponenten und einer „teilweisen Abweisung seiner Klage“ aus.[21] Diese Formulierung ist lediglich Sache der Zweckmäßigkeit.[22] Unbegründetsein des Widerspruchs ist Begründetsein der Forderung, aber nicht notwendig gegenüber allen Konkursgläubigern. Die Wirkung des Urteils gegenüber allen Konkursgläubigern ist weder eine Folge der Fassung des Urteilstenors noch der lediglich beurkundenden[23] Tabellberichtigung gemäß Abs. VII. Diese Wirkung ist vielmehr Rechtsfolge des § 147. Auch das nur einen Widerspruch beseitigende Urteil führt zur Berichtigung der Tabelle, aber eben nur zur Beseitigung dieses Widerspruchs.[24]

§ 23.

Die Streitgenossenschaft.

Notwendige Streitgenossenschaft besteht, wenn das streitige Rechtsverhältnis allen Streitgenossen gegenüber nur einheitlich festgestellt werden kann (§ 62 ZPO). Notwendige Streitgenossenschaft in diesem Sinne bedeutet nicht, daß einheitliche Entscheidung notwendig, sondern nur, daß die im Falle der Parteienmehrheit notwendige Entscheidung einheitlich sein muß.[1]

---

[20] So schon *Hullmann* a. a. O., S. 278f.

[21] So v. *Sarwey-Bossert*, Anm. 4, [5].

[22] *Peters.-Kleinf.*, Anm. 20; *Jaeger*, Anm. 12. Im lediglich vorbereitenden Verfahren kann der Antrag natürlich nicht auf Feststellung des Nichtbestehens, bezw. auf Begründetsein des Widerspruchs lauten, denn darüber wird gar nicht entschieden (vergl. besonders *v. Sarwey-Boss.*, Anm. 9.)

[23] *Jaeger*, Anm. 31; abw. *Oetker* I, S. 368.

[24] Abw. *Peters.-Kleinf.* a. a. O.

[1] *Weismann*, Hauptintervention und Streitgenossenschaft, 1884, S. 99.

Ihr Wesen besteht darin, daß das Urteil Rechtskraft für und gegen alle Streitgenossen wirkt.

Nach § 147 KO wirkt schon das einen von mehreren Widersprüchen für begründet erklärende Urteil erweiterte Rechtskraft. Sonach sind mehrere Opponenten, die zusammen klagen oder verklagt werden, Streitgenossen gemäß §§ 62, 472 ZPO. Die Rechtskraftwirkung eines Urteils für und gegen alle Streitgenossen setzt aber Gleichheit des Gegenstandes der mehreren Prozeßrechtsverhältnisse,[2] über die in formell einheitlichem Verfahren entschieden wird, voraus. Verschiedenheit der Widersprüche ist noch nicht Verschiedenheit des Prozeßgegenstands. Die Widerspruchsrichtung hat bei der Streitgenossenschaft nur Bedeutung, soweit sie den Prozeßgegenstand, nicht, soweit sie lediglich das Rechtsschutzinteresse bestimmt.[3] Gleichheit des Prozeßgegenstandes ist auch gegeben, wenn der eine Opponent den Grund, der andere die Anmeldbarkeit der Forderung bestreitet: Beides ist Verneinung ihres Bestehens gegenüber der Konkursmasse. Die mehreren Opponenten bilden insoweit eine notwendige Streitgenossenschaft.[4] Nur soweit der Prozeßgegen-

---

[2] Streitgenossenschaft ist Mehrheit der Parteien und damit der Prozeßrechtsverhältnisse. So die Motive zum Entwurfe der ZPO, S. 79, in Anlehnung an *Planck*, Mehrheit der Rechtsstreitigkeiten, Göttingen 1844.

[3] Damit ist die Lehre abgelehnt, die die notwendige Streitgenossenschaft abhängig macht von der gleichen Richtung der mehreren Widersprüche. Bei Verschiedenheit der Widerspruchsrichtung — womit oft noch die Verschiedenheit der Widerspruchsgründe konfundiert wird — soll in jedem Falle einfache Streitgenossenschaft (ZPO §§ 60, 61) vorliegen: *Oetker* I, S. 328ff., 354; *Seuffert*, Konkurspr., S. 269; *Peters.-Kleinf.*, Anm. 4, 28; *Struckmann-Koch* a. a. O. I, S. 75; *Voigt*, S. 165. So auch *v. Sarwey-Bossert*, Anm. 4, [5], aber nur, wenn nicht die sämtlichen, sondern bloß einige Opponenten als Streitgenossen auftreten. *Willenbücher*, Anm. 6, leugnet bei Verschiedenheit der Widersprüche überhaupt jede Streitgenossenschaft. *Weismann* a. a. O., S. 152, N. 37; *Wachenfeld*, Notwendige Streitgenossenschaft 1894, S. 78ff.; *v. Wilmowski-Kurlb.*, § 147, Anm. 4; *Hellwig*, Lehrb. III, S. 176f. mit 105f.; *Hellmann* a, a. O., S. 479, nehmen in allen Fällen einfache Streitgenossenschaft an.

[4] Protokolle, S. 91ff.; 173ff.; RG. v. 29. 9. 1881, Bd. 5, S. 414; herrschende Lehre: z. B. *Wach* I, § 55, N. 32; *Kohler*, Prozeß als Rechts-

stand verschieden ist, besteht lediglich eine wegen Gleichheit der Widerspruchsziele dem § 60 ZPO unterfallende Streitgenossenschaft.[5] Dies ist der Fall, wenn A bloß das Vorrecht, B lediglich die Forderung (der Anmeldbarkeit oder dem Grunde nach) bestritten hat. Nach *Jonas*[6] liegt dann eine teils einfache, teils notwendige, also eine einseitig notwendige Streitgenossenschaft vor. Allerdings wirkt das bevorzugte Befriedigung verneinende Urteil auch zugunsten des der Forderung widersprechenden Gläubigers. Aber Verneinung des Vorrechts ist in keiner Weise Verneinung der Forderung. Allerdings wirkt das den Bestand der Forderung verneinende Urteil auch zugunsten des Opponenten, der das Vorrecht bestritten hat. Aber es entscheidet die Vorrechtsfrage nicht, sondern erledigt sie nur. In bezug auf die Vorrechtsfrage hat das die Forderung aberkennende Urteil keine erweiterte Rechtskraft-, sondern nur Reflexwirkung.

Die Teilbestreitung, sei es in bezug auf das Vorrecht oder den Bestand der Forderung, ist ein minus, kein aliud. Wird die Forderung oder das Vorrecht einmal ganz, das andere Mal teilweise bestritten, so besteht notwendige Streitgenossenschaft nur, soweit die Teilbestreitung und die Vollbestreitung sich decken. Das hat die Bedeutung, daß gegen den zu voller Höhe Bestreitenden im Falle der Säumnis das Versäumnisurteil nur für den die Teilbestreitung übersteigenden Betrag erlassen werden kann (§ 62 ZPO).

Der persönliche Widerspruch des Gemeinschuldners wirkt nur für sein konkursfreies Vermögen (§ 144, II). Eine von der allen Konkursgläubigern gegenüber wirkenden abweichende Entscheidung kann ihm gegenüber schon deshalb ergehen, weil ihm nicht solche Bestreitungsgründe zustehen, die die Konkursforderungseigenschaft des Anspruchs betreffen. Wird daher der Gemeinschuldner als Streitgenosse eines oder mehrerer Oppo-

---

verhältnis, S. 104; Archiv ziv. Prax., Bd. 81, S. 406; *Hachenburg*, Besondere Streitgenossenschaft 1889, S. 124; *Gaupp-Stein* a. a. O., § 62, N. 19; *Jonas*, S. 31, 81; *Jaeger*, Anm. 10 mit weiterer Lit.

[5] *Jaeger* a. a. O.; *Fitting*, § 12, N. 47; vergl. auch die unter N. 4 Aufgeführten.

[6] S. 31f.

nenten belangt, so besteht zwischen ihm und den Opponenten nur einfache Streitgenossenschaft (ZPO § 59).[7] Nach *Petersen-Kleinfeller* a. a. O. entscheidet auch in dieser Frage die Gleichheit oder Verschiedenheit der Widerspruchsrichtung.

§ 24.

Intervention.

Das einen Widerspruch als begründet feststellende Urteil wirkt Rechtskraft zugunsten aller Konkursgläubiger. Alle, die dem § 147 diese Wirkung zuschreiben, erkennen deshalb das Interventionsinteresse zunächst der übrigen Opponenten an.[1]

Da das den Widerspruch als begründet anerkennende Urteil auf das Rechtsverhältnis des Nebenintervenienten zum Gegner, dem Liquidanten, von Wirksamkeit ist, so ist die Intervention eine streitgenössische (§§ 69, 61 ZPO).[2] Nach *Hellmann*[3] ist § 69 ZPO unanwendbar, weil die Rechtskraftwirkung gemäß § 147 nicht auf den Vorschriften des bürgerlichen Rechts beruhe, wie doch § 69 verlange. Alle Rechtskraftnormierung ist aber öffentliches Recht.[4] Der jetzt ungenaue Ausdruck „bürgerliches Recht" bedeutet lediglich Rechtssatz außerhalb der Zivilprozeßordnung. Die streitgenössische Nebenintervention kann nur der negieren, der dem § 147 — wenn auch nur teilweise — die Wirkung erweiterter Rechtskraft abspricht:[5] Daß die vom

---

[7] *Jaeger*, § 144, Anm. 3 mit Judik.; *Voigt*, S. 180; *Fitting*, § 12, N. 54; *Jonas*, S. 35f. — Abw. *Kohler*, Prozeß als Rechtsverhältnis a. a. O.; *v. Wilmowski-Kurlb.*, Anm. 6.

[1] Abw. inkonsequenterweise *Jonas*, S. 33f.; *Oetker* I, S. 331f., 354, da er mit Bezugnahme auf *Rocholl*, ZZP. 8, S. 409, jede Rechtskrafterweiterung leugnet.

[2] *v. Canstein*, ZZP. 8, S. 236; *Peters.-Kleinf.*, Anm. 6; *Voigt*, S. 166; *Seuffert*, ZPO § 69, 1; *Jaeger*, Anm. 11; vergl. auch *Gaupp-Stein* a. a. O., § 69, I.

[3] Lehrb., S. 481.

[4] *Wach* I, S. 128.

[5] So *Hellwig*, Lehrb. II, S. 488, N. 70; *Walsmann*, Streitgenössische Nebenintervention, 1905, S. 185.

Liquidanten erreichte Beseitigung des einzigen oder aller wirksam erhobenen Widersprüche gegenüber allen Konkursgläubigern wirkt, soll einfach darauf beruhen, daß nach dem Prüfungstermine weitere Widersprüche nicht erhoben werden können, die erhobenen aber beseitigt sind.[6] Dann wäre § 147 insoweit lediglich deskriptiv, nicht normativ. Er wäre insoweit nur eine Wiederholung des § 144, I. Dieser aber müßte alsdann dahin ausgelegt werden, daß eine Forderung, trotzdem sie bestritten ist, allen Nichtbestreitenden gegenüber gleichwohl als festgestellt gilt. Aber schon der Wortlaut des § 144, I ergibt, daß die Feststellung der Forderung in bezug auf die Richtung des oder der Widersprüche, also sachlich, nicht persönlich, beschränkt wird.

Ist § 69 ZPO anwendbar, dann kann auch derjenige, der der Forderung nicht widersprochen hatte, intervenieren.[7] Auch dem Nichtwidersprechenden gegenüber ist weder das Bestehen noch das Nichtbestehen der Forderung festgestellt. Man kann auch nicht sagen, daß er infolge des Ausschlusses seines Widerspruchs kein Recht mehr habe, „auf dem Umwege der Intervention einen Widerspruch zu begründen" (so *v. Wilmowski-Kurlb.*, § 145, Anm. 4). Die Intervention ist eben nicht Erhebung eines Widerspruchs, setzt vielmehr einen solchen voraus: denn Verzicht auf die Widerspruchsverfolgung, insbesondere die Widerspruchsrücknahme, macht die Intervention unmöglich. Den Anstoß zur Verfolgung des Widerspruchs gegen titulierte Forderungen kann ferner nur der Opponent, nicht der Intervenient geben. Sein Interventionsinteresse wird weiter bestimmt durch die Richtung, die der Widerspruch des Opponenten, dem er beitritt, genommen hat. Die Intervention wird praktisch notwendig, da die Konkursgläubiger im Gegensatz zum Gemeinschuld-

---

[6] So *Hellwig*, Rechtskraft, S. 25; System, S. 803f.; *Walsmann* a. a. O. mit Lit.

[7] *v. Canstein* a. a. O.; *Peters.-Kleinf.* a. a. O.; *Seuffert*, ZPO § 66, Anm. 2 c, a in Berichtigung von Konkurspr., S. 272; *Jaeger*, Anm. 11. — A. M. *Wach* I, S. 624; *v. Sarwey-Boss.*, Anm. 4, [5]; *Wolff*, Anm. 1; *Voigt*, S. 166; *v. Wilmowski-Kurlb.*, Anm. 5; *Willenbücher*, Anm. 5. — *Kohler*, Leitfaden, S. 253, und *Hellmann* a. a. O. lassen nur einfache Intervention zu.

ner bei Versäumung des Prüfungstermins nicht auf Wiedereinsetzung in den vorigen Stand antragen können. Daß die nicht bestreitenden Konkursgläubiger, besonders die nachträglich Anmeldenden, eine schon festgestellte Forderung gegen sich gelten lassen müssen, ist begründete Rechtskraftwirkung; daß sie aber dem über eine bestrittene Forderung schwebenden Verfahren nicht sollten beitreten dürfen, wäre eine durch den Hinweis auf den eingetretenen Verlust des Widerspruchsrechts nicht zu rechtfertigende Härte.

Nach *Petersen-Kleinfeller*[8] kann das Interesse des bevorrechtigten Gläubigers an der Nichtzulassung eines ihm nachstehenden Liquidanten als ein bloß tatsächliches ein Interventionsinteresse nicht begründen. Diese Frage hängt von der andern ab, ob nämlich ein bevorrechtigter Liquidant der Anmeldung eines nichtbevorrechtigten Gläubigers wirksam widersprechen kann.[9] Da *Petersen-Kleinfeller*[10] diese Frage bejahen, so ist es inkonsequent, das diesbezügliche Interventionsinteresse des bevorrechtigten Liquidanten zu verneinen.

Auch der Gemeinschuldner hat ein rechtliches, nicht bloß ein tatsächliches Interesse daran, daß Nichtberechtigte vom Konkursverfahren ausgeschlossen werden.[11] Die Teilnahme eines Nichtberechtigten vergrößert die Ausfallshaftung nach Konkursbeendigung und führt auch für den Nichtberechtigten zur Zwangsvollstreckung (§§ 164, II, 194, 206, II). Nach dem Gesetze kann der Gemeinschuldner durch seinen persönlichen Widerspruch nur die Zwangsvollstreckung zugunsten des Nichtberechtigten nach Konkursbeendigung verhindern. Nur dieses Interesse also könnte für die Frage der Intervention des Gemeinschuldners in Betracht kommen. Hatte der Gemeinschuldner persönlich widersprochen, so ist dies Interesse voll und ganz befriedigt: gerade deshalb kann von Intervention des persönlich widersprechenden Gemeinschuldners nicht die Rede sein.[12]

---

[8] Anm. 6.

[9] Siehe oben, § 11, N. 3.

[10] § 143, Anm. 6.

[11] Abw. RG. v. 16. 9. 1891, Bd. 28, S. 422.

[12] Abw. KG. v. 4. 2. 1910, OLG. 20, S. 207.

Die Voraussetzung der Zwangsvollstreckung gemäß § 164, II, 194, 206, II ist Unterlassen des Widerspruchs seitens des Gemeinschuldners. Damit aber ist das Schicksal der Forderung völlig in die Hände des Konkursverwalters und der Konkursgläubiger gegeben.[13] Auch auf die Feststellung der Forderung über den Konkurs hinaus hat jetzt der Gemeinschuldner keinen Einfluß mehr: das Interesse des Gemeinschuldners als des Subjekts des konkursfreien Vermögens fällt mit dem Interesse des Massesubjekts zusammen. Das Interesse des Gemeinschuldners, auch in bezug auf sein konkursfreies Vermögen wird dann wahrgenommen durch den hierfür persönlich verantwortlichen Konkursverwalter (§ 82). Aus diesem Grunde ergibt sich, daß auch dem nichtwidersprechenden Gemeinschuldner die Intervention versagt ist, wenn schon das die Forderung feststellende Urteil unter Vermittelung des Tabelleintrags Rechtskraft gegenüber seinem konkursfreien Vermögen wirkt, das die Forderung verneinende wenigstens die Zwangsvollstreckung vereitelt.[14]

Eine Intervention kann aber unter dem Gesichtspunkte möglich sein, daß ein Teilhaber einer offenen Handelsgesellschaft, der mit seinem gesamten Vermögen für die Gesellschaftsschulden haftet, dem gegen die vergantete Gesellschaft geführten Feststellungsprozesse beitritt, nicht wegen der Wirkung gemäß §§ 164, 194, 206, sondern wegen der Rechtskraftwirkung gemäß § 129, I HGB.[15] Hier handelt es sich nicht sowohl um den Gegensatz von Konkursmasse und konkursfreiem Vermögen, als um den Gegensatz von Vermögen überhaupt und Sondervermögen.

---

[13] Deshalb spielt bei der Frage der Intervention des Gemeinschuldners die Konstruktion der Verwalterstellung gegen *Hellmann*, Lehrb., S. 481f. schlechterdings keine Rolle (vergl. auch RG. v. 16. 9. 1891 a. a. O.).

[14] RG. v. 1. 6. 1893, JW., S. 343, N. 6; *Oetker* I, S. 337, 360; *Peters.-Kleinf.*, Anm. 6; *Wolff*, Anm. 1; *Voigt*, S. 181; *Kleinfeller* im Recht 16, S. 38f.; *Seuffert*, ZPO § 66, Anm. 2 b; *Jaeger*, Anm. 11. — Abw. *Kohler*, Lehrb., S. 569; Archiv ziv. Prax. 81, S. 409 u. N. 70, der sogar streitgenössische Intervention annimmt; *Hellwig* a, a. O.; *Hellmann* a. a. O.; *Jonas*, S. 36f.

[15] Vergl. RG. v. 24. 2. 1902, JW., S. 213, Nr. 3.

Nur das Gesellschaftsvermögen, das von vornherein ein Sondervermögen ist, ist im Konkurse befangen. Die vor Konkurs entstandenen Verbindlichkeiten des Sondervermögens treffen nicht notwendig auch das Privatvermögen der Gesellschafter, während die vor Konkurseröffnung entstandenen Verbindlichkeiten des Gemeinschuldners nicht bloß die Konkursmasse, sondern auch das konkursfreie Vermögen desselben betreffen, und erst mit Konkurseröffnung ein Sondervermögen entsteht.

Kapitel VII.

§ 25.

Der Einfluß der Konkursbeendigung auf die Feststellungsprozesse.

I. Das Gesetz hat weder für die Betreibung der Feststellung noch für die Verfolgung des Widerspruchs eine eigene Frist bestimmt. Nach Beendigung des Konkurses ist aber Neuerhebung oder Aufnahme eines Feststellungsstreites unmöglich geworden.[1] Für die Fälle der Aufnahme insbesondere ergibt sich dies daraus, daß die Unterbrechung eines schwebenden Rechtsstreits von selbst endet, wenn bei Beendigung des Konkursverfahrens Aufnahme gemäß Abs. III noch nicht erfolgt war.[2] Diese Unmöglichkeit der Aufnahme weist auf ein Prinzip der Unmöglichkeit der Betreibung der Feststellung nach Konkursbeendigung hin. Schon daraus folgt, daß der Opponent nach Aufhebung des Verfahrens auf Grund der Schlußverteilung (§ 163) gegen den titulierten Gläubiger, dem die Dividende voll ausgezahlt ist, nicht mehr die Konkursfeststellungsklage erheben kann.[3]

Für die untitulierte Forderung insbesondere gilt wegen §§ 152, 155, 157, daß zwar nicht schon die Versäumung einer Abschlagsverteilung, wohl aber die Versäumung der Ausschluß-

---

[1] Vergl. z. B. *Oetker* I, S. 356; ZZP. 25, S. 71.

[2] Vergl. *Jaeger*, § 10, Anm. 12ff.; *Hellmann*, Lehrb., S. 548.

[3] Abw. *Jonas*, S. 86f.; siehe unten.

frist für die Schlußverteilung den endgültigen Ausschluß von der Konkursbeteiligung bewirkt.[4] Die Betreibung der Feststellung untitulierter Forderungen muß daher vor Ablauf der Ausschlußfrist für die Schlußverteilung erfolgen. Mit Rücksicht auf die spätere Möglichkeit der Zwangsvollstreckung will *Oetker*[5] zwar nicht die Erhebung der Prioritätsklage, wohl aber der Liquidationsklage auch bei nichttitulierten Forderungen noch nach jener Ausschließungsfrist zulassen. An dieser Konstruktion ist nur soviel richtig, daß die Tabelle noch nach Beendigung des Konkurses berichtigt werden kann.[6] Für die Möglichkeit der Tabellberichtigung nach Aufhebung des Konkurses auf Grund der Schlußverteilung bilden die §§ 168, Nr. 1; 166 das wichtigste Argument. Und gerade sie setzen zur Aufnahme der untitulierten Forderung in das Schlußverzeichnis voraus, daß die Forderung vor Ablauf der Ausschlußfrist „im Prozesse befangen" ist. Nur vor Ablauf der Ausschlußfrist für die Schlußverteilung hätte die Betreibung der Feststellung einer untitulierten Forderung Sinn, da ein bei der Schlußverteilung nicht berücksichtigter Gläubiger auch für etwaige Nachtragsverteilungen, die auf Grund des Schlußverzeichnisses stattfinden, nicht in Betracht käme. Die bloße Möglichkeit der Zwangsvollstreckung aber, die nicht Zweck der Konkursfeststellung, nur ihr Wirken ist, gibt nicht Rechtsschutzinteresse.[7]

II. Schwebt bei Aufhebung des Konkursverfahrens auf Grund der Schlußverteilung ein Konkursfeststellungsprozeß, so werden, wie § 166 ergibt, die gemäß § 168, Nr. 1 zurückbehaltenen Anteile der im Prozesse befangenen titulierten wie untitulierten Forderungen bis zur Prozeßerledigung zurückbehalten. Der Feststellungsprozeß geht um die zurückbehaltenen Anteile,

---

[4] Vergl. *v. Völderndorff* II, S. 404 mit N. 25; *Jaeger*, § 152, Anm. 7.

[5] A. a. O.

[6] *Peters.-Kleinf.*, § 194, Anm. 15; *Stein*, Voraussetzungen, S. 136; *Jaeger*, § 145, Anm. 3. — Abw. RG. v. 20. 10. 1888, Bd. 22, S. 155; Dresden v. 17. 6. 1889, Sächs. OLG. 21, S. 540ff.; *v. Wilmowski-Kurlb.*, § 194, Anm. 4.

[7] *Stein* a. a. O.

und er geht weiter unter den bisherigen Parteien: unterliegt nämlich der Anmelder, so werden diese Anteile nicht für den Gemeinschuldner frei, sondern gebühren den Konkursgläubigern, die sie im Wege der Nachtragsverteilung erhalten. Die nachträgliche Verteilung ist Sache des Konkursverwalters (§ 166). Er muß also über die zurückbehaltenen Anteile die Verfügung behalten. Deshalb steht ihm auch, wenn er selbst widersprochen hat, die Prozeßführungsbefugnis weiter zu.[8]

Auch was die titulierten Forderungen anbetrifft, so ist in obigen Ausführungen vorausgesetzt, daß zur Zeit der Aufhebung Anteile zurückbehalten waren, um die weiter prozessiert wird. Nach *Jonas* a. a. O. kann der Opponent die negative Konkursfeststellungsklage sogar erst nach Beendigung des Konkurses erheben. Im Falle seines Sieges sollen die dem Liquidanten ausgezahlten Beträge zur Masse zurückfließen und gemäß § 166 nachträglich verteilt werden. Oben ist auseinandergesetzt, daß die Aufnahme eines schwebenden Rechtsstreits und folgeweise die Erhebung einer neuen Klage durch den Opponenten nach Aufhebung des Konkurses unmöglich ist. Mit Recht weist *Jaeger* a. a. O. darauf hin, daß nach Konkursbeendigung für die Rückgewähr der auf die titulierte Forderung entfallenden Dividende ein Bereicherungs- oder ein Deliktsanspruch, also eine Leistungs-, nicht aber die Konkursfeststellungsklage gegeben sei. Eine derartige Klage wäre natürlich vom Gemeinschuldner persönlich und nur kraft einer Anordnung gemäß § 166, da es sich alsdann um ein Masseaktivum handelte, vom Konkursverwalter zu erheben.

Nun wird aber die bestrittene titulierte Forderung, wenn zur Zeit der Aufhebung des Verfahrens der Widerspruch nicht verfolgt ist, auch bei Nachtragsverteilungen berücksichtigt. Wie ist da zu helfen? Hatte der Gemeinschuldner einen Bereiche-

[8] RG. v. 17. 9. 1891, Bd. 28, S. 70; *Jaeger*, LZ. 1908, S. 614 zu RG. v. 24. 1. 1908; *Stieglitz*, Die Konkursordnung f. d. Deutsche Reich, 1879, § 151, III; *Kohler*, Archiv ziv. Prax. 81, S. 411; *Seuffert*, S. 273; *Peters.-Kleinf.*, § 163, Anm. 2; *v. Wilmowski-Kurlb.*, § 164, Anm. 11; *Fitting*, S. 153; *Wolff*, § 163, Anm. 4; *Voigt*, S. 189; *Stein* a. a. O.; *Jonas*, S. 86; *Hellwig*, System, S. 573; *Jaeger*, Anm. 28.

rungsanspruch oder Deliktsanspruch gegen den titulierten Gläubiger, so wird, wenn dieser gemäß § 166 zum Masseaktivum geworden ist, der Verwalter dem Gläubiger der bestrittenen Forderung einfach mit dem Hinweis, daß die Masse einen Anspruch gegen ihn, nicht er einen solchen gegen die Masse habe, die Auszahlung der Nachtragsdividende verweigern. Wie aber, wenn der Gemeinschuldner als Subjekt seines konkursfreien Vermögens gar keinen Anspruch gegen den titulierten Anmelder geltend machen könnte, weil er ihm den Titel gewährt hat zum Zwecke der Gläubigerbenachteiligung? Ein nachträglich ermittelter Anfechtungsrückgewähranspruch ist ein der Konkursmasse zugute kommender Wert, insofern also ein Masseaktivum (§ 166, II).[9] Ob aber der Konkursverwalter, der die Widerspruchsverfolgung gegen die titulierte Forderung vielleicht mangels Beweises unterlassen hatte, nunmehr den Rückgewähranspruch im Wege der Klage gegen den titulierten Anmelder verfolgen kann, ist deshalb zweifelhaft, weil es sich nicht um nachträgliche Ermittelung des Rückgewähranspruchs handeln würde. Außerdem würde damit der Liquidationsstreit aufgerollt. Die Anfechtungsklage findet übrigens ihre Schranke darin, daß sie nur binnen Jahresfrist seit Eröffnung des Verfahrens erhoben werden kann (§ 41, I, 1). Ist die Anfechtungsklage deshalb unmöglich oder will man sie überhaupt nicht mehr zulassen, so kann doch der Verwalter die Auszahlung der Nachtragsdividende einredeweise mit Erfolg verhindern (§ 41, II). Diese Befugnis muß ihm bleiben. Bestreitet sie der Anmelder, so hat er seinerseits Klage auf Feststellung zu erheben, daß ihm die verweigerte Nachtragsdividende noch zustehe (ZPO § 256).

III. Wird das Konkursverfahren kraft Zwangsvergleichs aufgehoben oder wird es eingestellt, so findet eine Nachtrags-

[9] *Otto*, Die Anfechtung von Rechtshandlungen, 1881, S. 155; *Jaeger*, § 166, Anm. 5; Die Gläubigeranfechtung außerhalb des Konkurses, 1905, § 13, Anm. 33. A. A. *Kohler*, Lehrb., S. 209; *Seuffert*, Konkurspr., § 51, N. 60; *Peters.-Kleinf.*, § 166, Anm. 3. — Die Frage der Zuständigkeit des Anfechtungsrechts spielt hierbei keine Rolle.

verteilung nicht statt.[10] Sobald der Aufhebungs- oder Einstellungsbeschluß wirksam geworden ist (§ 190; §§ 205; 73, III), erhält der Gemeinschuldner endgültig das Recht zurück, über die Konkursmasse frei zu verfügen und zu prozessieren (§§ 192, 206).[11] Die Vermögensseparation hat aufgehört. Damit ist die Vertretungsmacht des Verwalters erloschen. Dies gilt auch, soweit im Falle des Zwangsvergleichs bestrittene Vorrechtsforderungen vom Verwalter sicherzustellen sind (§ 191, II).[12] Da weder nach dem Zwangsvergleiche noch nach der Einstellung des Verfahrens eine Nachtragsverteilung stattfindet, so erhält der Gemeinschuldner auch die freie Verfügung über die Beträge zurück, die bei schon erfolgter Abschlagsverteilung nach § 168, Nr. 1 zurückbehalten worden waren. Eine Hinterlegung im Sinne des § 169 schreibt das Gesetz deshalb auch nicht vor.[13] Im Zwangsvergleiche kann die Hinterlegung ausdrücklich bestimmt sein. Dann aber fallen diese Anteile auch nicht in die freie Verfügung des Gemeinschuldners. Insoweit bleiben der Verwalter, der bestritten hatte, und die Gläubigeropponenten weiterhin zur Prozeßführung befugt.[14] Nach Stein a. a. O. können der Verwalter und die Opponenten außerdem noch beim concordat par abandon zur Hauptsache weiterprozessieren.[15]

Auch abgesehen von diesen Ausnahmefällen wird durch die Konkursbeendigung das anhängige Verfahren nicht unterbrochen.[16]

---

[10] *Jaeger*, Anm. 29.

[11] *Jaeger*, § 10, Anm. 12 mit Zit.

[12] Abw. *Wolff*, § 191, Anm. 2; *Oetker*, Goldschmidts Z. 66, S. 198, 200.

[13] Abw. für den Fall des Zwangsvergleichs *Jonas*, S. 88; für den Fall der Einstellung des Verfahrens *v. Sarwey-Bossert*, § 206, Anm. 1.

[14] *Stein*, a. a. O., S. 137 f.; *Jaeger*, Anm. 29. Nach *Seuffert*, a. a. O., S. 273, tritt allerdings, wenn die Abschlagsdividende hinterlegt ist, der Gemeinschuldner stets an die Stelle eines jeden Opponenten (siehe über diese Möglichkeit unten), da dem Gemeinschuldner der hinterlegte Betrag gehöre. — Er gehört ihm aber eben nicht zu freier Verfügung.

[15] Dies hängt davon ab, ob eine dem concordat par abandon des französischen Rechts ähnliche vergleichsmäßige Leistung an Erfüllungsstatt durch Übereignung der Masse an die Gläubiger zulässig ist, was *Jaeger*, § 174, Anm. 3, gegen *Kohler*, Lehrb., S. 470 ff., Leitfaden, S. 285, 287, *Seuffert* a. a. O., S. 413 f., verneint.

[16] Abw. *Hellwig*, Anspruch und Klagrecht, S. 263; System, S. 611 f.

Nach den bisherigen Parteien und der Widerspruchsrichtung entscheidet es sich, zwischen wem und in welcher Weise der Prozeß weitergeht.

Ein Parteiwechsel von Rechtswegen, in analoger Anwendung des § 146, III ist undenkbar. Die Ansicht von *Jonas*,[17] wonach der Gemeinschuldner prinzipiell in alle zur Zeit der Konkursbeendigung schwebenden Prozesse als Partei eintritt, beruht nicht auf analoger Anwendung des § 146, III; denn dieser ermöglicht eine Spaltung des einen Prozeßrechtsverhältnisses, seine „analoge“ Anwendung aber würde eine Konzentration der mehreren Prozeßrechtsverhältnisse in einer Person bedeuten. Schweben z. B. mehrere Prozesse über dieselbe Forderung, so würde der Gemeinschuldner, der vielleicht nicht einmal persönlich widersprochen hat, in allen Partei statt der Opponenten! Nach *Jonas* freilich kann er sich dann den ihm genehmsten Prozeß heraussuchen. Das Schicksal dieser in einer Person konzentrierten Prozesse über dieselbe Forderung wäre aber gar nicht auszudenken. Als einzige sichere, aber höchst fatale Konsequenz ergäbe sich ein mehrfaches Prozeßkostenrisiko des Gemeinschuldners.[18] Nach *Jonas* wechseln aber nicht bloß die Parteien, sondern es ändert sich auch der Prozeßgegenstand. *Oetker*[19] dagegen will alle Prozesse, da sie auf Repression einer Normwidrigkeit gerichtet seien, unter denselben Parteien wie bisher weitergehen lassen. Da eine Nachtragsverteilung und eine Entscheidung über zurückbehaltene Anteile nicht in Frage steht, fehlt für die Weiterführung der Prozesse unter den bisherigen Parteien jedes Rechtsschutzbedürfnis. Die Möglichkeit der Zwangsvollstreckung (§§ 194, 206, II) allein genügt auch hier nicht.[20] *Hellmann*[21] läßt deshalb unter den bisherigen Parteien keine Sach-, sondern nur Kostenentscheidung zu. Nicht einmal Kostenentscheidung soll ergehen, wenn der Verwalter prozessiert; denn in diesem

[17] S. 89ff.

[18] Dies alles gilt auch in bezug auf die in N. 15 zurückgewiesene Ansicht von *Seuffert* a. a. O., S. 273.

[19] I, S. 343, 507; ZZP. 25, S. 69ff.

[20] *Stein* a. a. O., S. 136; *Jaeger*, Anm. 29.

[21] Lehrb., S. 548ff.

Falle sollen die Kosten nicht etwa als bedingte Masseschulden sichergestellt werden.[22] Es wäre aber merkwürdig, wenn der Liquidant Kosten liquidieren könnte im Prozesse mit den Konkursgläubigern, nicht aber im Prozesse mit dem Verwalter, der doch nach *Hellmann* Vertreter der Konkursgläubiger ist.

Haben Konkursgläubiger widersprochen, so werden die von oder mit ihnen geführten Feststellungsprozesse in der Hauptsache gegenstandslos und sind nur noch im Kostenpunkte unter den bisherigen Parteien auszutragen, ohne daß es einer ausdrücklichen Erledigungserklärung der Hauptsache bedürfte. Ein diesbezüglicher Antrag wäre weder Zurücknahme der Klage gemäß § 271 ZPO, noch Erklärung eines Verzichts gemäß § 306 ZPO. Vielmehr wird über die Kosten auf Grund der Festsetzung, daß der Einzelwiderspruch begründet ist oder nicht, entschieden.[23] Der Rechtsstreit beschränkt sich, soweit im Zwangsvergleich nicht ein anderes bestimmt ist, selbst dann auf die Kostenfrage, wenn auf Grund eines Gläubigerwiderspruchs eine Vorrechtsforderung anläßlich des Zwangsvergleichs sichergestellt ist. Denn die Auszahlung des hinterlegten Betrags an den Anmelder hängt nicht mehr von der Beseitigung des Widerspruchs des Konkursgläubigers, sondern von der Zustimmung des Gemeinschuldners ab.

Ist der Konkursverwalter gesetzlicher Vertreter des Gemeinschuldners, so ist klar, daß dieser die vom Verwalter betriebenen Prozesse über die streitigen Forderungen weiterführt, ohne daß ein Parteiwechsel stattfände. Es erlischt vielmehr lediglich die Vertretungsmacht des Verwalters.[24] Gerade weil der

---

[22] Dafür, daß diese Prozeßkosten als bedingte Masseschulden (§ 59, Nr. 1), die vom Verwalter zugleich mit dem Hauptanspruch bestritten sind, sicherzustellen sind, vergl. *Seuffert* a. a. O.; *Kohler*, Archiv ziv. Prax. 81, S. 410f.; *Jaeger*, Anm. 29 mit § 29, Anm. 4.

[23] *Kohler* a. a. O.; *Seuffert* a. a. O.; *Peters.-Kleinf.*, § 194, Anm. 13; § 206, Anm. 4; *v. Wilmowski-Kurlb.*, § 194, Anm. 4; *Hellwig*, Anspruch und Klagerecht, S. 265; *Stein* a. a. O.; *Fitting*, S. 153; *Jaeger* a. a. O. mit Zit.; *Hellmann*, S. 548f.; vergl. auch *Gaupp-Stein* a. a. O., § 91, III.

[24] RG. v. 13. 4. 1908, LZ., S. 705f.; v. 3. 5. 1910, Bd. 73, S. 314; v. 1. 10. 1910, LZ. 1911, S. 153; *v. Wilmowski-Kurlb.* a. a. O.; *Fitting* a.

Verwalter bis zur Beendigung des Konkurses Vertreter des Gemeinschuldners war, bleibt die von ihm erteilte Prozeßvollmacht über den Konkurs hinaus bestehen.[25] Aus eben diesem Grunde bleibt der Konkursverwalter, der als Anwalt den Feststellungsprozeß geführt hat, weiterhin zur Prozeßführung bevollmächtigt: nur seine gesetzliche Vertretungsmacht ist weggefallen.[26]

Ob in den vom Gemeinschuldner fortzuführenden Feststellungsprozessen in der Hauptsache oder lediglich über die Kosten zu entscheiden ist, ergibt sich aus dem Prozeßgegenstand und der Widerspruchsrichtung. Da keine Konkursforderung gegenüber der Konkursmasse begründet sein kann, die es nicht auch gegenüber dem beschlagsfreien Vermögen des Schuldners wäre, so kann der Prozeß über die dem Grunde nach ganz oder teilweise bestrittene Forderung vom Gemeinschuldner in der Hauptsache weitergeführt werden. Der Gegenstand ist der gleiche geblieben; lediglich die Konkursmasse ist mit dem übrigen Schuldnervermögen wieder eins geworden.[27] Wer eine Berichtigung der Tabelle nach dem Konkurse für unzulässig hält, muß den bisher auf Feststellung gerichteten Antrag auf Verurteilung zur Leistung umstellen, entsprechend der gegenteiligen Umstellung im Falle der Aufnahme nach Abs. III.[28] Ungenau ist die Lehre, daß Fortführung des Feststellungsstreits mit dem Gemeinschuldner nur möglich sei, wenn dieser nicht selbst der Forderung widersprochen habe.[29] Auch wenn der Gemeinschuldner persönlich widersprochen hatte, geht der von oder mit dem Verwalter geführte Prozeß gegen ihn weiter; wenn auch in den meisten Fällen

---

a. O.; *Jaeger* a. a. O. — Abw. alle, die den Verwalter nicht als Vertreter des Kridars ansehen: vergl. z. B. *Kohler* a. a. O.; *Kiehl*, ZZP. 30, S. 316; *Gaupp-Stein* a. a. O., § 240, IV; *Hellwig*, System, S. 572 mit Zit.

[25] RG. v. 13. 4. 1908 a. a. O.; *Jaeger* a. a. O.; so auch im Ergebnis *Hellwig*, Lehrb. II, S. 471; *Gaupp-Stein* a. a. O. mit Zit.

[26] So auch *Gaupp-Stein* a. a. O., obwohl die Amtstheorie zum gegenteiligen Ergebnisse führen müßte.

[27] *Jaeger* a. a. O.

[28] Arg. § 268, Z. 2 ZPO; *v. Wilmowski-Kurlb.* a. a. O.; *Fitting* a. a. O.; vergl. auch *Jaeger* a. a. O.

[29] Vergl. *v. Sarwey-Bossert*, § 194, Anm. 1; *Jonas*, S. 92; *Peters.-Kleinf.* a. a. O.

nur wegen der Kosten, mögen diese übrigens als bedingte Masseschulden vom Verwalter sichergestellt sein oder nicht. War ein Prozeß gegen den Gemeinschuldner wegen seines persönlichen Widerspruchs zur Zeit der Konkursbeendigung noch gar nicht anhängig, so ist der Anmelder nicht gehindert, den schwebenden Konkursfeststellungsstreit gegen den Gemeinschuldner mit Bezug auf seinen persönlichen Widerspruch weiterzuführen; vorausgesetzt, daß die Prozeßlage das noch zuläßt. War dagegen der Gemeinschuldner zur Zeit der Konkursbeendigung schon persönlich verklagt, so tritt eine Vereinigung der Prozesse in seiner Person ein, entsprechend der Prozeß-Spaltung gemäß §§ 144, II; 146, III.[30] Der Konkursfeststellungsprozeß wird hier in der Hauptsache gegenstandslos. Es kommt nicht sowohl auf den Widerspruch des Vertreters, als auf den persönlichen Widerspruch des Gemeinschuldners an. Nachdem dieser die freie Verfügung über die Konkursmasse zurückerhalten hat, spielt, wenn er selbst widersprochen hat, der Widerspruch des Verwalters überhaupt keine Rolle mehr. Siegt nämlich jetzt der Anmelder über den persönlich widersprechenden Gemeinschuldner, so ist damit, eben weil die Konkursmasse in dessen übrigem Vermögen aufgegangen ist, nicht bloß sein persönlicher Widerspruch, sondern auch der seines früheren gesetzlichen Vertreters als unbegründet festgestellt. In diesem Sinne wird denn auch auf Antrag des Obsiegenden die Tabelle berichtigt.

Mag der Gemeinschuldner persönlich widersprochen haben oder nicht, keinesfalls wird die Fortführung des Feststellungsprozesses seinerseits deshalb ausgeschlossen, weil der Liquidant aus der Zeit vor Konkurseröffnung einen Vollstreckungstitel gegen ihn besitzt.[31] Auch ein für die Konkursfeststellung lediglich vorbereitendes Verfahren setzt er an Stelle des Verwalters fort.

Hatte der Konkursverwalter lediglich die Anmeldbarkeit der Forderung bestritten, so war damit der Bestand der Forderung gegenüber dem Gemeinschuldner als Subjekt des konkursfreien Vermögens — und jetzt gibt es nur ein konkursfreies Vermögen —

---

[30] *Jaeger* a. a. O.
[31] Abw. *Jonas*, S. 93.

unbestritten.[32] Der um die Anmeldbarkeit geführte Rechtsstreit wird in der Hauptsache gegenstandslos.[33]

War bloß das Vorrecht bestritten, so wird der Streit um den sichergestellten Betrag (§ 191, II) zwischen Anmelder und Gemeinschuldner ausgetragen.[34]

Kapitel VIII.

§ 26.

Die Zuständigkeit der Verwaltung.

Wäre Gegenstand des Feststellungsstreites ein Konkursteilnahmerecht, dann bliebe die in Abs. V statuierte Kompetenz der Verwaltungsbehörden und Verwaltungsgerichte eine unverständliche Ausnahme. Konkurs ist Zivilprozeß; das Konkursteilnahmerecht ein prozessuales. Wohl sind noch heute in großem Umfange öffentlich-rechtliche Ansprüche vor die Zivilgerichte gewiesen. Daß aber eine Verwaltungsbehörde, die nicht einmal Verwaltungsrechtspflege zu üben braucht, statt der Zivilgerichte eine zivilprozessuale Frage in einem vielleicht landesrechtlich geordneten Verfahren zu entscheiden hätte, wäre der Anfang der Entwickelung, die Justiz in der Verwaltung aufgehen zu lassen — ein völliger Widersinn.

Die Verwaltungsbehörden sind für die Feststellung der regelmäßig öffentlichrechtlichen Forderungen gleichermaßen zuständig, mag zur Zeit der Konkurseröffnung ein Rechtsstreit[1]

---

[32] Ein Urteil, das die Anmeldbarkeit verneint, würde deshalb der außerkonkursmäßigen Rechtsverfolgung nicht entgegenstehen (*Peters.-Kleinf.*, Anm. 10; *v. Sarwey-Boss.*, Anm. 9; *v. Wilmowski-Kurlb.*, Anm. 9; *Jaeger*, § 147, Anm. 3.

[33] *Jaeger* a. a. O.

[34] *Jaeger* a. a. O.; abw. *Wolff*, § 191, Anm. 2; *Jonas*, S. 92f.

[1] Rechtsstreit in diesem Sinne ist auch das einfache Verwaltungs-, insbesondere Beschwerdeverfahren im Gegensatz zum Verwaltungsstreitverfahren.

anhängig sein oder nicht. Weil die Feststellung in Wirklichkeit Klage auf Zurücknahme der Bestreitung sei, soll letzternfalls nach *Hellmann*[2] nicht die Verwaltungsbehörde, sondern das nach § 146, II zuständige Zivilgericht zur Entscheidung befugt sein. § 146, II normiert aber den ausschließlichen Gerichtsstand — und insoweit natürlich auch das zivilprozessuale Verfahren — nur für die sogen. bürgerlichen Rechtsstreitigkeiten, also im Prinzipe nicht für Ansprüche, die auf einem Verhältnisse des öffentlichen Rechts beruhen.[3] Nur wenn die Verwaltungsbehörde schon zur Zeit der Konkurseröffnung mit der Sache befaßt war, soll sie auch nach *Hellmann* weiterhin zuständig bleiben; wahrscheinlich gerade deshalb, weil es sich in diesem Verfahren (z. B. Beschwerde gegen einen Verwaltungsakt) nicht um Verurteilung zur Zurücknahme des Widerspruchs oder der Anmeldung handeln konnte und auch nach der Konkurseröffnung nicht handeln kann. Auch im Verwaltungsverfahren und Verwaltungsstreitverfahren ändert sich durch die Aufnahme des Verfahrens zwecks konkursmäßiger Feststellung nicht der Gegenstand.

Ein schwebendes Verwaltungsstreitverfahren wird durch die Konkurseröffnung unterbrochen. Enthalten die einschlägigen verwaltungsrechtlichen Sondervorschriften hierüber keine Bestimmungen, so sind die Vorschriften der Zivilprozeßordnung über die Unterbrechung und Wiederaufnahme des Prozesses im Parteistreitverfahren entsprechend anwendbar.[4] Beim einfachen Verwaltungsverfahren kann gemäß § 146, III und V eine Beschwerde- oder Einspruchsfrist nicht zu ungunsten der Opponenten vor der Bestreitung weiterlaufen.

Auch ein Gläubigeropponent kann in jedem Verwaltungsverfahren als Beteiligter, z. B. als Beschwerdeführer, im Verwaltungsstreitverfahren insbesondere als Partei[5] auftreten. Mit

---

[2] Lehrb., S. 482f.

[3] *Kohler*, Lehrb., S. 565.

[4] Vergl. die prinzipielle Entscheidung des sächs. OVG. v. 10. 10. 1913; Jahrb. des Kgl. Sächs. OVG., Bd. 20, S. 313ff.

[5] Es ist streitig, worin das Wesen der Verwaltungsrechtspflege besteht. Der Streit ist eigentlich, was meist nicht bedacht wird, ein solcher um das Ziel der wissenschaftlichen Untersuchung. Wer den für

dieser Bestimmung hat § 146 tief in das Gebiet der Verwaltung, besonders in ihre Rechtspflege, eingegriffen.

Die Gestaltung des Verfahrens bei Widerspruchsmehrheit richtet sich nach den verwaltungsrechtlichen Sondervorschriften.[6]

Auch über eine öffentlich-rechtliche Forderung kann sachlich nur entschieden werden, wenn der Anspruch zuvor angemeldet, geprüft und bestritten worden ist (§ 146, IV).

Das Verfahren ist in der Lage aufzunehmen, in der es sich zur Zeit der Aufnahme, nicht der etwaigen Unterbrechung befindet. Nach Konkurseröffnung und vor Aufnahme des Verfahrens ergangene Verwaltungsakte und Verwaltungsurteile sind vielleicht anfechtbar, nicht schlechthin nichtig. Daher ist die Forderung auch dann tituliert, wenn eine solche Entscheidung erst nach der Konkurseröffnung ergangen ist.

Liegt ein Titel vor, so hat der Opponent seinen Widerspruch mit dem im Einzelfalle zulässigen Rechtsbehelfe, wie formelle Beschwerde, Anfechtungsklage zum Verwaltungsgerichte usw. zu verfolgen (§ 146, VI).

Was Titel ist, entscheidet das Verwaltungsrecht. Besonders *Otto Mayer*[7] hat auf den tiefgehenden Unterschied des verwaltungsrechtlichen Titels zum zivilprozessualen Vollstreckungs-

---

die Kompetenz- und damit zugleich für die Machtverteilung im Staate wichtigen Unterschied der materiellen und formellen staatlichen Funktionen aufweisen will (vergl. zusammenfassend *Jellinek*, Allg. Staatslehre, S. 580ff.), muß jeden gebundenen Verwaltungsakt, d. i. Ausspruch dessen, was im einzelnen Falle Rechtens ist (*O. Mayer* a. a. O. I, S. 95ff.), für einen Akt der Rechtspflege im materiellen Sinne ansehen.

Wer die volle richterliche Unabhängigkeit als letzte Verwirklichung der Rechtsstaatsidee in der Verwaltung fordert, der kann die meist von mittleren Staatsbehörden im Nebenamte geübte Rechtspflege nicht als Gerichtsbarkeit im vollen Sinne gelten lassen.

Wer das Wesen der Verwaltungsrechtspflege nach positivem Rechte, also unter ausschließlicher Betrachtung der formellen Funktionen, erkennen will, der wird es finden in der die Voraussetzung der Rechtskraft bildenden Parteienmitwirkung, mag im übrigen das Verfahren fest geregelt sein oder nicht (*O. Mayer* a. a. O. I, § 13; *Fleiner*, Institutionen des deutschen Verwaltungsrechts, 1912, S. 237f. mit Zit.).

[6] *Oetker* I, S. 348.

[7] A. a. O., S. 474ff.

titel hingewiesen. Dieser ist die dem Untertan zur Verfügung gestellte obrigkeitliche Macht, die das Subjekt der öffentlichen Verwaltung zur Durchsetzung seiner auf dem öffentlichen Rechte beruhenden Ansprüche von selbst hat. Mit dem öffentlich-rechtlichen Geldanspruche ist, ohne daß notwendig ein Verwaltungsakt oder ein Verwaltungsurteil dazwischentritt, die Vollstreckbarkeit schon gegeben, so daß die administrative Zwangsbeitreibung unmittelbar kraft Gesetzes stattfinden kann: der einfache Dienstauftrag an den Vollstreckungsbeamten wirkt als Titel im Sinne des Abs. VI.[8]

Ausnahmsweise ist die administrative Zwangsbeitreibung auch auf privatrechtliche Geldansprüche des Staates oder öffentlich-rechtlicher Körperschaften durch Sonderbestimmung ausgedehnt.[9] Durch diesen zeitweiligen Ausschluß des Rechtswegs (EG ZPO § 4) wird der Opponent in die Klägerrolle gedrängt. Er hat auf den Rechtsweg zu provozieren. Ausnahmsweise steht auch für die Entscheidung öffentlich-rechtlicher, der administrativen Zwangsbeitreibung unterliegender Ansprüche der Rechtsweg offen. So können die im Prüfungstermine bestrittenen „unbezahlt gebliebenen Beträge an Personengeld, Porto und Gebühr" nur durch die ordentlichen Gerichte, nicht durch die Oberpostdirektion festgestellt werden (§ 25, III des Postges. v. 28. 10. 1871).[10]

Der verwaltungsrechtliche Titel, mag er im übrigen ein Verwaltungsakt oder ein Verwaltungsurteil sein, deckt die Forderung nur, soweit sie dem Grunde nach, nicht soweit ihre Anmeldbarkeit oder das Vorrecht, bestritten ist. Die Eintragung der Widerspruchsrichtung in die Tabelle ist hier schon deshalb unerläßlich, weil von der herrschenden Meinung der Vorrechts-

---

[8] Protokolle, S. 93; LG. Freiburg v. 18. 1. 1910, Bad. Rpr., S. 63; *Kohler*, Lehrb., S. 565, N. 2; *Peters.-Kleinf.*, Anm. 29; *v. Wilmowski-Kurlb.*, Anm. 9; *Jaeger*, Anm. 16 mit Zit.; vergl. auch Sächs. Ges. v. 7. 3. 1879, §§ 2, 3.

[9] *Oetker* I, S. 298, 347.

[10] AG. Chemnitz v. 19. 10. 1901, ZZP., Bd. 31, S. 121ff., und *Reichel* daselbst; vergl. auch § 8, II, Fernsprechgebührenordnung v. 20. 12. 1899.

streit, von einigen[11] sogar der Streit über die Anmeldbarkeit vor die Zivilgerichte verwiesen wird. Aus dem Wortlaute des § 146, V läßt sich allerdings die Zuständigkeit der Verwaltung zur Entscheidung der Vorrechtsfrage insbesondere nicht folgern.[12] Andererseits darf man die Zuständigkeit der Verwaltungsbehörden für diese Frage nicht im Prinzipe verneinen, sie aber dann wieder auf Grund einer verwaltungsrechtlichen Sonderbestimmung bejahen.[13] Es fragt sich, ob für eine solche, vielleicht landesrechtliche Bestimmung, überhaupt Raum ist. Das wäre nur der Fall, wenn das Reichsrecht, also § 146 KO, nichts darüber bestimmte; oder, anders ausgedrückt, wenn die Zuweisung des Vorrechtsstreits die Kompetenz der Verwaltungsbehörden erweiterte. Letzteres ist aber aus folgenden Gründen zu verneinen:

Die Fragen des Vorrechts und der Anmeldbarkeit sind nicht „rein privatrechtliche Fragen der vermögensrechtlichen Konkurrenz".[14]

Nicht ist die Frage eine solche der Konkurrenz der Gläubiger. Dann wäre Gegenstand des Verfahrens allerdings ein prozessuales Teilnahmerecht.[15] Das ist oben zurückgewiesen. Es sind vielmehr, auch beim sogen. Vorrechtsstreit, Fragen des materiellen Rechts. Zwar sind es vermögensrechtliche Fragen, nicht aber privatrechtliche. Vermögensrechtlich ist noch nicht privatrechtlich.[16] Diese heute noch nicht gänzlich überwundene Identifizierung der beiden Begriffe ist eine Nachwirkung der als real aufgefaßten Zweiteilung des (absoluten) Staates in Staat und Fiskus. Dieser unterlag der absoluten Staatsgewalt ebenso wie jeder Untertan. Die Sphäre des Rechts konnte deshalb für den

---

[11] OLG. Dresden v. 10. 1. 1895, Sächs. A. 5, S. 138f.; v. 28. 2. 1901, Sächs. OLG. 23, S. 344ff.; *Peters.-Kleinf.*, Anm. 16; *Fitting*, S. 148.

[12] Wie Neupert, BayGemZ. 1913, Nr. 13, S. 193ff. will.

[13] *v. Sarwey-Boss.*, Anm. 8; *v. Wilmowski-Kurlb.* a. a. O.; *Jaeger* a. a. O., neuerdings Regierung von Mittelfranken v. 4. 10. 1913, LZ. 1914, S. 206f.

[14] So statt vieler *v. Wilmowski-Kurlb.* a. a. O.; OLG. Dresden a. a. O.

[15] So wieder Regierung für Mittelfranken v. 4. 10. 1913 a. a. O.

[16] Vergl. *Wach* I, S. 88f.

Fiskus, als den Träger der vermögensrechtlichen Beziehungen des Staates, und den Untertan gleicherweise nur die des Privatrechts sein.[17]

Die zweite Fehlerquelle ist der privatrechtlich gedachte Konkursanspruch der Motive. Auch die öffentlich-rechtliche Forderung wird danach teilnahmefähig bezw. bevorrechtigt durch Hinzutreten eines privatrechtlichen Konkursanspruchs. Daher die rein privatrechtliche Frage der Konkurrenz! Das Konkursprinzip ist aber ein Formal-, kein Materialprinzip.

Aus alledem ergibt sich prinzipiell die Kompetenz der Verwaltung für den Streit über Anmeldbarkeit und Vorrecht.[18]

---

[17] Vergl. *O. Mayer* a. a. O., S. 47ff.

[18] Nur kann mitunter die Sprödigkeit des Verwaltungsverfahrens insbesondere seines für meist ganz andere Zwecke eingerichteten und geeigneten Instanzenzugs die Zuständigkeit des Zivilgerichts unumgänglich erscheinen lassen.

FSC
www.fsc.org
MIX
Papier | Fördert gute Waldnutzung
FSC® C083411

Kolibri 360 GmbH
Ferdinand-Jühlke-Straße 7
99095 Erfurt, Deutschland
produktsicherheit@kolibri360.de